景気変動論

Yoshihiko Senoo
妹尾芳彦

新評論

はじめに

　本書は，大学経済学部上級から大学院初級程度の教科書を意図して書かれたものである。そのため，歴史，理論，実証のバランスに極力目配りをするように努めた。

　経済学部あるいは経済学研究科で景気変動論または景気循環論が講義されている大学がどれほどあるのか詳らかにしないけれども，比較的少ないのではないだろうか。そうした事情を反映してか，景気変動論の教科書らしい書物もほとんど見当たらないのである。もっとも，これは私の不勉強の為せるところかもしれない。

　景気変動論は，資本主義の黎明とともに誕生した歴史の古い分野である。

　18世紀後半に英国で勃興した産業革命に端を発する資本主義は，自由主義的な思想を持つ古典派経済学を誕生させた。このいわば「正統派」経済学は，市場が本来持っているはずの需要・供給調整機能を十全に発揮できれば，経済は必ず均衡に到達できると主張した。均衡から乖離した動きがあったとしても，それは一時的なことであり，間もなく解消されるとした。当時，資本主義はその生産力を飛躍的に拡大させていた。しかし，時々，大きく調子を狂わせることもあった。「正統派」経済学に言わせれば，それは異常な出来事であり，本来はそのようなことは起こらないはずだという。生産が需要を超過し，売れ残りが発生しても，市場では価格が低下し需要が増えてくるので，作ったものは必ず売りさばくことができるからだというのである。

　古典派経済学の主張は，当時の経済における市場の働きを観察した結果という面はあるのだろう。当時の市場は「いちば」の連なりのようなものであったとも言える。そういう市場で価格のパラメータ機能に信頼を寄せることは理解できるところであろう。

　一方，好調かと思えば，一転谷底に突き落とされるような下降を生じる資本主義経済の実態を見ていて，それがたまたま発生するとか，異常な出来事であってよくあることではないという見解に満足しない人々がいたのである。その人々の探究心が，景気変動論という分野につながっていく。

　景気変動論の人々は，その異常な出来事がたまたまではなく規則的に発生してい

ることに気が付いた。さらに，マクロ経済に見られるある種の継続的な変動に気が付いた。各種の統計データを整理するうちに，その変動が確固とした規則性を持っていることにも気が付いた。山と谷を形成しながら規則性を持って動いているというのである。これが後に景気の波，あるいは景気循環と呼ばれるものである。古典派経済学をはじめとする「正統派」の経済学は，これを発見できなかったとされている。景気変動論と「正統派」経済学が交わることの少ない道を歩いてきたように見えるのは，こうした歴史によるところがあると考えられる。

景気変動論は，第二次世界大戦前に，変動要因を検討する理論としてはほぼ出尽くしたと言えるかもしれない。その後は，実証分析が積み重ねられ，実際に景気変動の観測に適用されるようになった。実はマクロ経済学の一部として景気変動を取り上げた学者もいるが，実際の景気変動観測への利用度という観点からは，尻すぼみになってしまった観がある。

私は，現に「景気」が日常的な話題となっている今日の事情に鑑みれば，古い歴史を有する景気変動論を通じて，「景気とは何か」，「景気は何を見れば分かるのか」といった景気の本質に関する問いに答えることと，「資本主義と恐慌」という古くて新しい問題を歴史的にたどって，その教訓をまとめることの意義を疑わない。私が特に重要だと考えるのは，景気変動が資本主義のダイナミズムを維持・強化するという側面を持っているとの見解である。その点で，いたずらに政府が景気変動に掉さすのは問題があるという人々がいないわけではない。好況はもちろん良いことであろうが，不況には不況の役割があるという見解も景気変動論は持っている。

本書は，私が学部生向けに行っている講義を通じて，次第に問題意識が膨らんできたことが契機となったものである。ある程度の経済学的知識を前提としているが，関心のある学部生なら十分読みこなせるものと考える。また，社会人向けを含む大学院の初級レベルの教科書としても使用してほしいと願っている。教科書であるから，用語の解説を丁寧にしたことはいうまでもない。歴史的な事実，学説史などの解説にも力を入れた。また，これまでの碩学たちの功績を参照しながら，今日，景気を語るときに忘れてはならないことを整理した。反面，タイムリーな景気論議にはむしろ，関わらないようにした。時間の経過で「陳腐化」することを避けたいが

ためである。一方でこれまでの実務経験上，特に重要と考えられることについては，詳細に解説するように努めた。さらには，私が長年経済データを分析して景気観測に取り組んできた経験を踏まえて，データに関する基礎的な知識と使い方についてできるだけ本文中に注を付して解説するようにした。加えて，実際にデータを用いた実証分析も初歩的なものについて織り込んである。漠然とした将来予測は避けるようにしたが，読者がみずから資本主義のメリット・デメリットを考えたり，景気変動が資本主義経済において有している積極的な意義について考える機会となるような記述も含めておいた。その種の記述は最終章に多い。批判的に読んでいただければ幸いである。

なお，冒頭で景気変動論または景気循環論と書いていることからお分かりのように，本書では景気変動と景気循環を同じ意味で用いている。ただ，用語としてすでに景気循環が定着しているものについては，「変動」ではなく「循環」を用いている。

本書が景気に関心を持つ方々の参考になれば，望外の喜びとするものである。

最後に，景気に関する実務の経験を与えていただいた旧経済企画庁・内閣府に対して，深甚なる謝意を表する次第である。

景気変動論❖目次

はじめに　1

第1章　景気変動論の曙　…………………　9

本章のねらい　9

第1節❖資本主義経済システムの成立　10
　1▶資本主義をどう捉えるか　10
　2▶資本主義経済以前　12
　3▶資本主義の黎明期　13
　4▶変動装置の設置　17

第2節❖資本主義経済の初期発展期と景気変動　22

第3節❖正統派経済学と景気変動論　31

重要事項の確認　35
問題　36

第2章　景気理論としての恐慌理論　…………………　39

本章のねらい　39

第1節❖恐慌とは何か　40
　1▶恐慌の定義　40
　2▶恐慌の特徴と実態　41

第2節❖恐慌の根源的要因　49

第 3 節 ❖ 恐慌は異常事か　59
　　1 ▶ 米国の大恐慌　60
　　2 ▶ 昭和恐慌　64
　　3 ▶ 2008 年秋からの世界金融恐慌　69
　　4 ▶ 恐慌は過去のエピソードか　72

重要事項の確認　74

問題　75

第 3 章　景気変動の認識と分析（戦前期の総括） …………… 77

本章のねらい　77

第 1 節 ❖ 景気は波打つ　78
　　1 ▶ ジュグラーの波　78
　　2 ▶ キチンの波　82
　　3 ▶ クズネッツの波　86
　　4 ▶ コンドラチェフの波　88

第 2 節 ❖ 景気変動の要因　90
　　1 ▶ 景気変動要因の多様性　91
　　2 ▶ 純粋貨幣要因説　93
　　3 ▶ 過剰投資説　99
　　4 ▶ 過少消費説　108
　　5 ▶ 心理説　111
　　6 ▶ 収穫説　113
　　7 ▶ ケインズの景気循環に関する覚書　114

第 3 節 ❖ 後世への示唆　119
　　1 ▶ 投資が過剰になるということ　120
　　2 ▶ 過少消費説と現代　123

3▶貨幣要因説の現代的意味　*124*

　　4▶収穫説は荒唐無稽か　*125*

重要事項の確認　*127*

問題　*128*

第4章　景気変動論の発展 …………… *133*

本章のねらい　*133*

　第1節❖景気の波をどう測るか　*134*

　　1▶W.C.ミッチェルの回顧　*134*

　　2▶理論的研究法の批判としての統計的研究法　*135*

　第2節❖ケンブリッジ学派の経済変動論　*145*

　第3節❖マクロ経済理論的な経済変動論　*149*

　第4節❖新古典派的な景気変動論　*153*

重要事項の確認　*157*

問題　*158*

第5章　景気とは何か …………… *159*

本章のねらい　*159*

　第1節❖過去の研究から景気を考える　*160*

　　1▶資本主義経済のエンジン部　*160*

　　2▶G.ハーバラーによる景気観測のための基本的基準　*165*

　第2節❖景気変動観測の実務　*166*

　第3節❖景気変動観測の留意点　*172*

重要事項の確認　*178*

問題　*179*

第6章　現代の経済と景気……………… *181*

本章のねらい　*181*

　第1節❖景気を厳密に定義することの重要性　*183*

　第2節❖景気変動の積極的な意義　*186*

　第3節❖資本主義の変貌と景気変動　*196*

重要事項の確認　*203*

問題　*204*

各章末問題の解答　*207*

参考文献　*215*

あとがき　*217*

人名索引／事項索引

第1章　景気変動論の曙

【本章のねらい】

　景気変動論は古い分野である。経済学の一分野ではあるが，この分野の最大の発見とされる規則的な好不況の波の存在とその変動要因の解明は，17世紀のヨーロッパに遡るという見解もある。景気の語源はさらに古く，すでに中世のヨーロッパで商業に関して用いられていたという。

　本格的な景気変動論は，資本主義経済システムの成立から初期の勃興期の間において，突然襲い来る経済状態の急激な悪化の要因を探求することから始まったことを理解する必要がある。アダム・スミス以来の古典派経済学は，価格機構の機能を信奉することに熱心で，景気が規則的な変動を示すということに気付かなかった。しかし，実際に景気は今日に至るまで規則的に動いているのである。

　景気変動論の研究者は，統計を駆使しながら，資本主義の病理の解明に努めてきた。経済が齟齬なく変動していくのが常態で，急激な悪化は一時的な現象だとするのが古典派経済学の立場であった。しかし，何回となく繰り返されるスランプを見てその原因解明をするうちに，資本主義経済は不安定性をそのシステム内に秘めていることを突き止めた。

　そこで，われわれは資本主義初期の英国経済の動態を追いかける必要がある。それはどのような変動を見せていたのだろうか。

第1節❖資本主義経済システムの成立

　この節では，資本主義経済の成立と初期の動向を振り返り，急激な上向きの趨勢（trend）を描きながらも，その内部に反対方向への力が働いたことを歴史上の事実に即して見ておこう。後の景気変動の初期的な形であり，いまだ上下への規則的な変動とは見られていなかった。ただ，時としてあれほど好調であった経済が突然不調に見舞われることが，一部の研究者の目を引いた。何よりも重要なことは，資本主義経済には，その内部に自らを動かす仕組みのようなものが装備されており，その仕組みゆえに極端な振れを見せたということである。

1▶ 資本主義をどう捉えるか

　景気変動と資本主義とは切っても切れない縁を持っている。
　したがって，資本主義の特徴を最初に定義しておくことは重要であろう。
　まず直感的な説明をすると，それは「資本」が最重要な機能を果たすシステムであることは疑いのないところである。資本と言うからには，それが私企業あるいは民間企業の活動に大きな比重を置くシステムであることも議論の余地のないことである。すなわち，このシステムは私的所有権を必須の条件としているのである。
　資本主義が封建主義の時代に成立しなかったのは，私的な利潤動機で資本を投下することが認められていなかったからである。ここにおいて，封建主義下ではありえなかった土地の所有権が認められたことが重要である。これにより被支配層であった農民が土地の私有を認められ，土地を担保として資金を借り入れて生産をしたり，商人が農民から土地を買い入れて工

場を建てたりすることが可能になった。また，資本家と労働者という階層が生まれた。労働者は土地から追い出された農民が資本家に雇われるという形で増加していった。こうして，当時の消費者の欲求に対応した財を生産する企業が多く現れて競争が激しくなっていった。生産設備の規模の大きい企業は生産性を上げていくことができた。競争を通じて資本蓄積はますます進んでいった。

資本主義と言う場合，そこに競争原理が働いていなければならないであろう。封建主義下では，土地や労働力の所有権が支配者に独占されていたため，競争原理の働く余地がなかったのである。資本主義経済は，必ず市場経済システム[†1]を有していなければならない。

ただ，市場経済システムを有していれば，それがいかに小さな比重を持つにすぎないものでも資本主義と呼ぶことができるかは疑問である。なぜなら，そのような経済システムは私企業体制とは言えないかもしれないからである。この指標としては，例えば一般政府の最終消費支出と公的総資本形成の合計が国民総生産（GDP）に占める割合（構成比）が一例と言えるであろう。ちなみに，日本については2013年時点で25％程度である[†2]。この比率が50％のとき，日本経済が資本主義経済と呼べるかどうかは議論のあるところであろう。

いずれにしても，景気変動の初期的な形態が初期資本主義と同時に発生

[†1] 市場経済システムとは，分権経済システムと言い換えられるものである。経済主体が自由に自らの選択，行動を行うことができるような経済システムのことである。必ずしも完全競争を意味していない。市場経済システムは現実の経済のことである。

[†2] 内閣府『国民経済計算 フロー編』の主要系列の名目暦年値には構成比が付いている。ウェイトとも称されるが，この数字は超長期的にはともかくも，大きくは変わらないと想定できる。

したという歴史的な事実がある以上，われわれは私企業あるいは民間企業を中心として経済全体に波紋が広がっていくという形において，景気変動を追いかけて行かなければならない。当然のことであるが，それは基本的には政府が創り出すものではないのである。この景気変動の初期的形態がいかなるものであったかは，後で触れることになるであろう。

2▶ 資本主義経済以前

経済の好不況という振り子が規則的に行ったり来たりしているという現象が観察されたのは，資本主義経済が成立する前であった。E. チャンセラーは，W. ペティが17世紀に「欠乏と潤沢」の移り変わりとして初めて景気循環を指摘したとしている[†3]。

例えば，ペティの『租税貢納論』(1662年) を読むと，「このような7年間の中数，否むしろ凶作と豊作が回転して周期をつくりあげている」という記述がある。資本主義成立以前の経済で農産物の収穫変動に平均7年間の周期，すなわち豊作（ピークあるいは山）から凶作（ボトムあるいは谷）を経て豊作へという循環が見出せるというのである。農産物の価格がすべての物資・サービス価格の基準となっていた時代，これは経済の好不況が循環変動をしていたことを物語っている。ただ，農産物であるから，天候はもちろんのこと当時は日常茶飯事であった大小の戦争から大きな影響を

[†3] E. チャンセラー『バブルの歴史』(山岡洋一訳，日経BP社，2000年) には，W. ペティがはじめて景気循環を指摘したとある (p.195)。当時の景気循環で危機をもたらしたのは，投機ではなく，不作，戦争，財政の行き詰まりなどであった。しかし，これを景気循環と呼ぶのはためらわれる。なぜならば，その動きをもたらした要因が民間経済内部の要因ではなく，外的要因であると解釈されるからである。もちろん，外的要因であっても経済には影響が及び，その結果として経済が突然不調になったことはあるであろうが，例えば，今日の輸出環境といった外的要因とは性格が違い，純粋に経済外的な要因だからである。当時の経済外的要因と類似しているのは，自然災害であろう。

被っていたであろうことは想像に難くない^{†4}。

　封建社会でも経済状況は変動したであろうが，変動の要因が自由な経済活動の中にあるということではなかった。経済活動には強い規制があったからである。天候と支配者の都合で変動した面も否定できない。このような時代には，景気変動という概念は発生しえなかったであろうが，後述する通りその理由は重要である。

3▶ 資本主義の黎明期

　18世紀半ば以降の英国で，当時の主要な製品を造る方式と生産組織に大きな変化が生じた。いわゆる産業革命である。それとともに，自由競争原理が確立され，経済活動の主導原理となったことが重要であろう。

　この自由競争原理の確立に主導的かつ理論的な支柱を与えたのは，A. スミスの『国富論』（1776年）であった。これにより，生産のみならず所得の分配も，例えば絶対王政下のようではなく資本主義経済内の諸力の働く結果として行われるようになった。A. トインビーは，「自由競争は富を生み出したが，労働者の厚生を生み出さなかったことを産業革命は立証した」と言っているが，景気変動を生み出したとは言えるであろう。資本主義経済とは何よりも個々の経済主体の自由な意思決定に基づいて経済活動が行

---

†4　わが国の江戸時代の経済の変動を物価の変動から考察した研究（岩崎勝「物価と景気変動」，西川俊作・尾高煌之助・斎藤修編著『日本経済の200年』日本評論社，1996年）によれば，当時の家計消費支出に占めるコメのウェイトは30%程度と極度に高かった。コメの価格次第で経済はどちらにも振れた可能性があるのではないか。物価変動の主たる要因として挙げられているのは，豊凶作と貨幣の改鋳による基準貨幣の品位の高下と貨幣流通量の増減である。物価のデータは最も古くからあるものの一つで，本章でも英国の卸売物価を使った図が出てくる（第1章 p.25 他）。しかし，時代が進むにつれ，経済活動の繁閑とその関係は曖昧になってきたと言えるであろう。つまり，物価の変動から短期的な経済活動の繁閑を知ることは難しくなった。

われる経済のことである。この自由な意思決定の結果，大きな不均衡が生じる場合もある。そうした不均衡を伴いながら動いているのが資本主義経済の特性であろう。具体的に何が起きていたのかを知ることは，景気変動の本質を知るための出発点ともなると考えられる。

さて，英国産業革命が，綿紡績業への新たな生産方法の導入から始まったことは広く知られている。新たな生産方法とは紡績機のことである。この場合，重要なのは，綿紡績業における工場制度の成立による綿工業の発展が英国産業革命の原動力となり，すべての過程における基礎となったことである。この過程で生産規模が飛躍的に拡大し，工場労働者が急増した。

まず，1764年にハーグリーヴズがジェニイ紡績機を発明し，実用化されていった。これで労働生産性は8倍に上がった。しかし，小型であったことから，主に家内工業で利用された。すなわち，織布工の家庭やその下請で用いられたり，問屋制家内工業として営まれた。小型で使い勝手がよかったので急速に利用が広まった。

その後1768年に，アークライトが水力紡績機を作成した。これは人力によらず，水力で稼働する紡績機であった。この紡績機は作業機と水力との結合を必要とし，準備工程の機械も必要としたため，独立の工場が必要になった。初期的な工場としてアークライト工場が登場した。1780年代には，特にランカシャー地方に豊富な水流を利用して続々と工場が設立された。紡績業の機械化の第一段階成立である。ただ，この段階では，緯糸の生産は家内工業的に営まれており，問屋制資本はアークライト工場と連携しながら綿工業全体を支配していた。

その後1779年ごろ，クロンプトンによってミュール紡績機が発明された。発明当時は手動で20～30の紡錘を持つにすぎなかったが，改良されて，数年後には紡錘数は100を超えた。なかには400錘のものも出てきた。1830

年代初頭のマンチェスターの紡績工場では，平均で1基800錘程度を有したとされる。

　機械の大型化は，その動力が問題となる。最初は水力を利用するが，水流の存在が前提となるなど地理的な制約が大きく，他の綿工業の工程との結びつき，労働力の調達，原料・商品の運送に便利な場所が選ばれるようになっていった。また1780年代末〜90年代初頭にかけて，紡績工場にもワットの蒸気機関が導入され始めた。

　水力から蒸気動力への転換は，紡績工場の都市への集積を促進した。こうして綿工業全体の産業組織は，工場制に基づく紡績業を中心とするものに再編成された。

　工場制度の成立に伴って，熟練職人，日雇，農奴など従来の労働者階層に対して，工場労働者という新しい労働者層が登場した。この新たな労働者層は，従来の職人的な熟練工ほどの訓練を要せず，比較的容易に形成されていった。労働にも自由さが増した。

　また，機械の導入を契機とする自然発生的な競争こそが，英国産業革命を推進するエネルギーであった。その過程で機械が大型化していくが，これが固定資本（資本ストック）の規模の拡大を招いていった。当初，生産性の急上昇から生産コストが低下し，製品価格を低下させることができた。これは綿糸・綿製品の市場規模拡大の要因となった。

　この時期に，綿工業に伴って様々な信用組織が自然発生的に生まれた。商業資本による商業信用，綿花商人による長期掛売り，糸商人による前貸し，ロンドンの様々な信用機関や多数の地方個人銀行などが，潤沢な流通信用を供与した。貨幣市場にも競争があった。また，工場賃貸制度も存在した。これは他の産業でも見られたものである。この制度があれば，比較的小資本でも参入が可能であり，それで競争が活発になる一方で資本蓄積

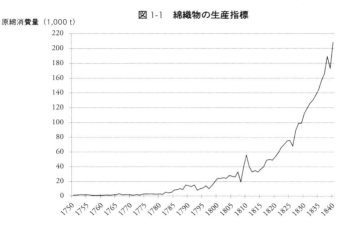

図 1-1　綿織物の生産指標

（出所）B.R.ミッチェル編『マクミラン新編世界歴史統計 1』より作成。1810 年以前は純輸入量，以後は推定消費量。

が促進された。

　初期の資本主義経済は急激に膨張した。**図** 1-1 は，綿織物の生産量と密接に関係している原綿の消費量の推移を図示したものである。1780 年以降，生産量が飛躍的に増大していったことが確認できる。

　『英国恐慌史論』で有名な T. バラノーフスキーによれば，労働者階級にとっては 18 世紀末にかけての綿紡績工業における変革よりも，1830～40 年代に数十万の手織工が手織機を離れて工場へ移らなければならなかったことのほうがはるかに重要な変革であった。バラノーフスキーは，それゆえ産業革命を一定の歴史的時期に当てはめようとするならば，それを 18 世紀の末期よりも 19 世紀の第 2 四半期とするほうが正しいと言っている。

　次頁の表は，バラノーフスキーによる当時の英国の綿織物工業の就業者数の推移を示したものである。これらの数値は，資本主義的な特徴として，工場に雇われる労働者の数が急増していることの重要性を強調しているのである。

表 1-1　英国綿織物工業の就業者数（単位：人）

分類／年	1819〜21	1829〜31	1844〜46	1859〜61
工場労働者	10,000	50,000	150,000	203,000
家内労働者（手織工）	240,000	225,000	60,000	7,500

（出所）T. バラノーフスキー『英国恐慌史論』p. 49-50。

　また，初期資本主義のパフォーマンスを物語る統計として，バラノーフスキーは当時の英国の綿織物業及び紡績業における労働生産性のデータを引用している。それによれば，労働者 1 人当たり年平均生産重量（ポンド）及び労働者 1 人当たり年平均綿織物生産重量（ポンド）で，1819〜21 年がそれぞれ 968 と 342，1829〜31 年がそれぞれ 1,546 と 521，1844〜46 年がそれぞれ 2,754 と 1,681 となっており，急上昇を示している。また，他の産業部門，例えば各種織物工業，銑鉄工業，金属製品生産，石炭生産等でも労働生産性は上昇したとある。その結果，生産数量は大きく伸びた。

4▶ 変動装置の設置

　こうした初期資本主義経済には，徐々にではあるがその内部に自身を変動させる装置が備わっていったと考えられる。これを具体的に見ていこう。景気変動の研究者として名高い C. ジュグラー[†5]の，恐慌とそれに先立つ非常な好況との関係を一般化して言うところの「不況の唯一の原因は好況である」という命題は現代でも変わらない。景気変動の研究者の目に映る

[†5]　C. ジュグラーは，景気変動論に大きな貢献をした人である。彼は各国の統計の山の中から，平均周期が 10 年程度の「山」と「谷」を持つ規則的変動の存在を検出した。いわゆる「ジュグラー循環」である。その変動を起こしている要因として今日も引き続いて重要視されているのは，民間企業の設備投資である。一説には，ジュグラー循環が企業の設備投資の更新時期に対応しているともいう。なお，ジュグラーについては第 3 章第 1 節も参照。

景気というものは，まるで生き物のように自ら息をし，山を駆け上ったり駆け下りたりしているように見えたに違いない。

まず，資本蓄積が進み，機械生産が普及したことで生産性が上昇した。生産設備（機械）の規模が拡大する過程で前述したような様々なルートで信用が供与された。産業革命を主導した綿織物業に典型的に見られるように，急激な供給能力の増強があった。ここにおいてすでに，不均衡が発生する素地が備え付けられたと言えるであろう。なぜならば，生産した財の販路が不足しないという保証がないからである。さらに，供与された信用は返済しなければならないが，作った財が売れなければ返済不能に陥る場合もある。そもそも，販路はどこに求めるのか。外国と国内である。販路先の経済状況に依存するし，販路構成比にもよる。これは現代の資本主義にもそのままあてはまることは言うまでもない。

販路，つまり需要者を国内に求める場合は，労働者が買わなければ売れ残るかもしれない。その労働者の購買力は財の価格と所得に依存して決まる。労働者は農業部門から流入してきた。1821年の農業就業人口は全人口の30％程度であったが，1841年には22％程度まで減少したという推計がある[†6]。

販路を国外に求める場合は，例えば，その国に関税があれば英国からの輸出を抑制する。当時ヨーロッパは関税で輸入を遮断しようとする政策が広範に採用されていた（Beggar-my-neighbor policy）。労働者の購買力あるいはそれに関連する指標は，固定資本の蓄積や生産と平仄(ひょうそく)を合わせて増加していたのであろうか。バラノーフスキーによれば，英国労働者階級の購買力は，生産の伸びに照応して増加するどころか，むしろ減退したとある。

[†6] B. R. Mitchell, *Abstract of British Historical Statistics*, Cambridge University Press, 1962, p. 60.

これに関するデータとして示されているのは、綿織物年平均消費額、同1人当たり消費額、1人当たり砂糖消費額などであり、いずれも明らかに減少している。

バラノーフスキーによれば、労働生産性の向上によって生産は拡大したが、外国市場が関税障壁によって遮断されており、国内市場では労働者階級の賃金が停滞していた。しかし、この不利な諸条件が生産の進歩を妨げることがなく、商品価格の低下を招来した。資本が蓄積され、産業は発展したが、その先に待っていたものは艱難(かんなん)であった。

初期資本主義経済は供給面において好調であったが、需要面においては低調であった。それにもかかわらずさらに資本が蓄積されたのは、商品価格の低下が労働者の購買力を実質面から支えていたことによる。ただ、いつまでも支えきれるものではなかった。

なお、上述した英国経済の動向について若干のデータを整理したものが図1-2である。

この図から分かるように、工業生産は増加傾向である一方、名目賃金の水準は停滞している。ただ、物価水準も低下しているため、労働者の購買

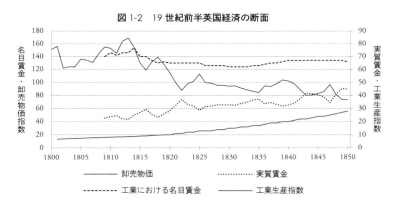

図1-2　19世紀前半英国経済の断面

(出所) B.R.ミッチェル編『マクミラン新編世界歴史統計 1』より作成。実質賃金は名目賃金÷卸売物価で計算。

力（ここでは実質賃金で測っている）は増加している[†7]。海外市場からの需要も取り込みながら，さらに資本蓄積が進んだものと考えられる。

　結局，資本主義の本質あるいは定義をどう考えるべきなのであろうか。

　そのキー・ワードは，私的所有権の保証，資本と資本家の誕生，工場（企業）に雇用される労働者の誕生，各経済主体の自由な意思決定，市場における競争的な経済活動等である。経済の一部に「闇市」のような市場機構を備えているということがそのまま資本主義経済の定義となるのではない。市場機構が封建主義経済下で存在しなかったわけではないからである。資本を集め蓄積しながら活動する私企業に依存していると認められる経済が資本主義経済であるとも言えよう。

　J. シュンペーターは，その著『景気循環論』において，資本主義とは，革新が，論理的に必然的にではないにしても，一般に信用創造を含意する借入貨幣によって遂行される私有財産経済の形態である，と言っている[†8]。シュンペーターは景気循環を起こす原動力として企業者の革新を重視したから，その定義においても，単なる企業組織や企業者機能が存在したとしても，それをもって資本主義的であるとは考えなかった。

　いずれにせよ，封建主義のくびきを脱して成立したシステムということ

[†7] バラノーフスキーが購買力と言っているものが実質賃金を指すのかは不明である。ただ，実質で測った経済変数，つまり実質値が経済厚生という観点で見た場合の指標として適切であることは，経済学でも常識であろう。端的な例としては，二つの財に直面する消費者の選択理論で，所得制約が与えられれば，一つの財の価格が変化した場合，所得線がその財の消費量を示す軸（横軸・縦軸のいずれか）の上でのみ移動し，無差別曲線との接点も変化するが，その無差別曲線自体の水準も変化する。それは消費者の効用，つまり経済的厚生が変化することを意味している。GDP（経済成長率），家計消費支出，賃金指数等は当然のように実質表示されたものが公表の前面に出ている。それは故なきことではない。

[†8] J. シュムペーター『景気循環論 II』（吉田昇三監修／金融経済研究所訳，有斐閣，1959年）p. 332。

であり，その本質が競争にあることは経済史の分野ではつとに知られている。

例えば，英国のマルクス主義に近い政治家 J. ストレイチーは，その著『現代の資本主義』において，「かつて競争は，資本主義以前の時代における頑固な形式的経済関係を解体し粉砕する強力な力であった。慣習と身分と情緒の上に築かれた一切の関係——いずれにもせよ，非経済的な配慮にもとづく一切の関係——を粉砕したものがこの恐るべき力であったことは，経済史のありふれた常識である」としている[†9]。

確かに，経済史の専門的な著書を見ても以下のような記述が見られる。「資本主義の基本原理は，競争によって合理的な経済活動が普及し，それによって全体として社会的富が多く蓄積されるようになることであり，そのためには，より公正な競争が行われ，経済活動の自由が保障されることが必要であった」と。ただ，前近代の社会においても経済活動の競争はなされていたが，人格的な依存関係によって律せられた面が強く，公正な競争に必要な市場情報の共有は不十分であった。その意味で，資本主義の確立には，様々な封建的規制が廃され，経済の担い手に等しく私的所有権が認められ，そうした「営業の自由」や私的所有権が君主の恣意性ではなく，法律によって保障されることが重要であり，それを実現した「近代」社会の確立が必要であった[†10]。

このようにして前近代社会から脱却し，経済活動の自由が保障されるようになって，何が変わったのかが次に問われなければならない。それを知ることが，景気変動の本来の意味を探求するにあたり，欠くべからざる鍵になるのではないか。

---

†9　J. ストレイチー『現代の資本主義』(関嘉彦・三宅正也訳，東洋経済新報社，1958 年) p. 13。
†10　金井雄一・中西聡・福澤直樹編『世界経済の歴史』(名古屋大学出版会，2010 年) p. 87。

第 2 節 ❖ 資本主義経済の初期発展期と景気変動

　資本主義が成立する前にも経済の好不調はあったが，その原因が戦争・天候・王室財政の窮乏など経済外的な要因に基づいており，その点で経済の広範な部分に変動があったとしても，それを現代でいう景気変動と同一視することはできないであろう。ただし，景気変動という用語自体の定義は本書ではいまだ行われていない。この段階では，経済主体の自由な競争のもとでの経済の変動に関係するとだけ指摘しておこう。

　本節の目的は，資本主義が成立しかけていたときに，いかなる動きが出ていたかを整理することである。それは封建制度下では生じえなかった動きのはずである。

　この時期の英国経済の特徴は，基幹産業の綿織物工業に見るように，新たな技術を体化した固定資本の増加により，労働生産性が上昇し，今日のいわゆる「良い物価下落」が実現していたことにある。それが実質的な購買力を確保し，生産量を拡大しえた所以である。その先に何が待っていたのか。

　利用可能な統計データを整理しながら考えてみよう。その際の指針ともなる T. バラノーフスキーの観察結果から紹介することにしたい。バラノーフスキーはマルクス主義経済学派に属していたが，マルクスの考え方を全面的に支持していたわけではない。彼は近代恐慌論の父とも呼ばれている。すでに触れたその歴史的名著『英国恐慌史論』から，当時の英国経済に起こっていた事実を，現代の景気変動を観察するときの姿勢で抽出してみよう。

　バラノーフスキーは，1820 年頃までの英国経済の変動は，フランスとの

戦争による影響が大きく，18世紀の変動と性格が似ているという。いわゆる経済外的な要因に基づく変動であり，資本主義経済の変動とは見なせないということである。そこで，彼に従って，1823年頃から見ていくことにする。

1823〜25年までは商工業の高揚期であった。輸出が増加し，鉄価格が大幅に騰貴し，イングランド銀行正貨準備はこれとは逆に大きく減少しており，減少が1824年には緩やかであったが，その翌年には急激となっている。明らかに1825年末の英国貨幣市場には，イングランド銀行の金庫からほとんど全部の貨幣が失われたほどの破滅状態が現れている。この破局が翌年に破産件数の激増と，輸出の減退と，鉄価格の下落という結果を生んだ。

ところが，1826年のイングランド銀行の正貨準備は増加に転じている。それにつづく6年間，1827〜32年までの英国産業史には，特に注目すべきことは何もない。1829年と31年に破産件数が増加し，イングランド銀行正貨準備が減少してはいるが，どちらも1825〜26年に比べると，それほど急激なものではなかった。輸出額の変動は少なく，鉄価格の下落は緩やかである。

1833年以降は新たな高揚期に入る。輸出も鉄価格も急上昇し，イングランド銀行の金庫は再び空っぽになり始め，1836年末にはまたもや，1825年当時のように最低まで落ちた。産業の好況は信用の大動揺とともに終わりを告げる。1837年の産業の一般状態は1825年当時とまったくよく似ている。輸出が急低下し，鉄価格も同様に下落し，破産が増大し，貴金属がイングランド銀行の金庫へと還流する。

1839年には，ここで観察している期間の全体を通じて，イングランド銀行の正貨準備が最低点まで落ちている。1830年代の終わりから40年代の初めにかけては，物価と輸出の低下，破産件数の増大が特徴的である。そ

して1843年に第3の高揚期が始まり、これが1847に終わる。1848年は経済的関連において、1826年及び1837年と完全に照応する。

　以上が、われわれの関心事である資本主義が英国で成立した頃の経済の素描である。

　バラノーフスキーは、上に述べたいくつかのデータを図表にして論を進めているが、取り上げられたデータは鉄価格、破産件数、輸出、イングランド銀行の正貨準備などに限られており、資本主義経済のダイナミズムを直接表すより基本的なデータには不足があると考えられる。そこで、資本主義経済が資本を蓄積しながら競争を展開することで利潤を生み出し、それをまた蓄積して、さらなる生産性の向上を実現するという重要なメカニズムを想起させるようなデータを紹介しておこう[†11]。

　1822年に始まる好況局面においては、綿工業のみならず、製鉄、鉱山、造船など生産財生産部門における資本投資の高揚があり、1825年恐慌[†12]の全般性をもたらした。この全般性、全機構性は、衣料生産及び基幹産業における質的変革と量的発展によって初めて与えられるものであるから、1825年恐慌は英国資本主義確立の指標とされるのである。

　1825～51年の時期をA. シュピートホフは「不振期」と呼んでいる。しかし、生産量や貿易量はこの時期を通じて波はあるが全体としては顕著に増加している。この時期の一般的な特徴は価格の低落傾向にある。価格の

[†11]　藤瀬浩司『資本主義世界の成立』（ミネルヴァ書房、1980年）p. 62-70.
[†12]　「恐慌」という用語が出てきた。後で詳しく検討するが、ここでは景気変動の好況局面のある時点で急激に生じる景気後退のことと考えておこう。マルクス主義経済学はこれを資本主義の病理と考えて重視している。なお、「恐慌」は今日でも発生しているが、経済政策により克服されうる事象との認識もある。具体例は2008年のサブプライム・住宅バブル崩壊後のショックである。その原因である金融派生商品の世界的な流通（グローバル・マネーの跳梁）はその後も続いており、いつでも「恐慌」が起こりうる状況の下にある。

低落傾向は不況の指標にはなりえないが[†13]、利子率の低落傾向は、資本の過剰傾向がこの時期を通じて構造的に作用していることを示している。また、労働力も過剰傾向にあったものと考えられる。

　この時期の好況局面で特徴的なことは、資本輸出、国内の鉄道、公共事業（都市水道、ガス）などで金融市場に異常な投機を呼んだということである。全般的には供給過剰の状況であったが、鉄道や公共事業などの盛り上がりで投資財や生産財の需要が強かったため、消費財以外で繁栄が実現していたということである。シュピートホフはこれを、直接消費する財から独立した形で繁栄が実現する実例であるとしている。

　以下では入手可能なデータを用いて、当時の英国経済を素描してみよう。
　まず、前掲の図 1-2 にも使用した工業生産指数であるが、指数レベルをそのまま図示すれば同図のように上向きの傾向が明らかとなる。しかし、注目すべきはその変動の大きさである（図1-3）。1820 年代に至るまでは変化率は 3％前後で比較的安定していたが、それ以降の変化率の動きは非常に大きい。ただし、その動きは徐々に小さくなっていく。前年比 7～10％増加した次には 0％にまで落ちている。ただマイナスにはなっていない。それが 20 年以上も続いている。周期（例えば、山から山まで）はかなり短い。例えば、日本の高度成長期には前年比でマイナスとなったことは 1 度だけである。時代も国も違うが、勢いのある時代には工業生産指数も低下しないというのは不自然ではない。初期の景気変動の激しさを見る心地がする。というのは、日本では 2008 年の世界金融危機（Great Recession）後

[†13] まだ歴史の浅い資本主義経済は、市場機構が今日のような規制を受けることなく資源配分の機能を果たしていたと考えられるところ、これは需給の状況を反映して価格が動いていたわけではないという意味にも取られるが、むしろ経済全体のデフレ・ギャップを反映して価格が低落傾向であったとしているのであり、短期的な景気変動と直接結び付けてはいけないという意味に捉えたい。

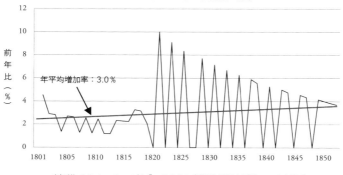

図 1-3 英国の工業生産指数の推移

(出所) B.R.ミッチェル編『マクミラン新編世界歴史統計 1』より作成。

の 2009 年の鉱工業生産指数は前年比で 22％も低下したが，それは例外中の例外で，10％から 0％になるというような動きが連続することは観察できないのである。

卸売物価で同様な図を作ると，明確な変動があることが分かる（図 1-4）。卸売物価は±10％程度で上下運動をしていることが見て取れる。当時の研究者は物価のデータを必ず観察資料に含めていたが，この変動ぶりがその理由であろう。サイクル的な動きを示しているのである。周期はこれもかなり短い。破産件数も同様にサイクル的な動きとなっており（図 1-5）[14]，やはり周期は短い。

図 1-6 は，総資本形成[15]の対 GNP（国民総生産）比を図示したものであ

---

[14] 現代の日本では，少なくとも全国ベースの企業倒産件数に景気指標としての機能を認めるのは容易ではない。もちろん，不況要因で倒産した企業数も知られているが，景気に対しては明確な傾向が見て取れない。日本は企業数が異常に多く，零細なものも含めれば数知れないほど存在する。後継者難で消える企業は好不況にかかわらず存在する。また，景気対策としての中小企業救済策が恒例化しているという事情もあるだろう。

[15] 厳密には政府部門を含まない民間総固定資本形成であるべきだが，統計自体の制約がある。

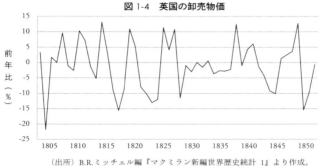

図 1-4　英国の卸売物価

（出所）B.R.ミッチェル編『マクミラン新編世界歴史統計 1』より作成。

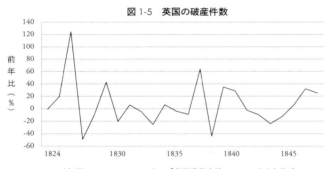

図 1-5　英国の破産件数

（出所）T. バラノーフスキー『英国恐慌史論』p.76 の表より作成。

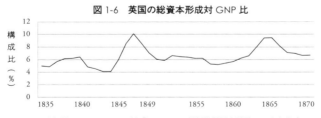

図 1-6　英国の総資本形成対 GNP 比

（出所）B.R.ミッチェル編『マクミラン新編世界歴史統計 1』より作成。

る。1845年あたりの急激な盛り上がりは鉄道熱狂と呼ばれる時期のものである。これもサイクル的な変動をしている。周期は5〜10年であり，前述のジュグラー循環に似たところがある。

　以上のように，資本主義の最初の興隆期ともいうべき19世紀第2四半期には，主要な経済指標がサイクル的な動きを示していることが分かる。中期的な景気変動も短期的な景気変動も存在しているように思われる。

　いくつかの統計データを整理して，当時の英国経済に早くも何らかの景気変動的な動きが見られることを示した。本書ではまだ，景気変動とは何を意味しているのかということについて検討していない。したがって，ここでは当面，W.C.ミッチェルの定義を借りて，民間企業の活動から構成される一国のマクロ経済に見られるある種類の，あるいはあるタイプのサイクル的な変動であるとしておこう。われわれは，後の章でこれが結局，景気変動の定義となることを知るであろう。この時点で注意しておくことは，景気というものは経済全般の水準に関する評価ではないということである。それは上の定義から明らかであろう。

　さて，資本主義初期の経済の変動をできるだけ景気変動と関連付けて振り返るという目的のためには，この分野での代表的な労作からその結果を引用することも有益であろう。

　P. マサイアスは，その著『最初の工業国家』で，当時の経済変動について以下のように論じている[16]。

　マサイアスは，経済の変動には二つの種類があるという。一つは，経済過程そのものに固有の，循環的に作用する諸力に起因するもので，その諸力には国民経済に内在するもの（内圧）と，国際関係から国民経済に影響

---

[16] P. マサイアス『改訂新版 最初の工業国家』(小松芳喬監訳，日本評論社，1988年) p.249-261。以下で紹介する本書の内容は，一部，筆者（引用者）による要約であることを承知されたい。

を与えるもの（外圧）とがあり，両者が相互に作用している。しかし，変動を生ぜしめる圧力の中には，経済に対して自律的すなわち「外生的」なものもあって，経済過程に固有でない原因が経済に影響を及ぼしている。

18世紀にあっては，この「外生的」原因として最大のものはおそらく戦争であったろう。しかし，変動要因として戦争よりも重要だったのは収穫である。18世紀及び19世紀前半においては，潜在的に最も強力な変動の動因は，自然力そのものであった。戦争と同様，収穫の変動から生じる循環的リズムにはなんらの規則性も存在しなかった（W. ペティの平均7年周期説［17世紀の学説ではあるが］とは異なる！）。

一方，国際関係から国民経済に影響を与えたものとして重要な変動要因は貿易である。私が注目するのは，外国貿易の比率が拡大するにつれて，英国経済が固有の周期性にますます影響されるようになったとマサイアスが述べていることである。マサイアスは続けて言う。この景気循環，すなわち在庫投資循環は4～7年の周期であった。それは国内商業にもまた存在したのであるが，歴史的に見てその測定ははるかに困難である [†17]。

貿易が良好な時期は，製造業者や貿易商人はそれぞれ生産や委託販売を拡大する意欲を持った。確実な契約に基づく注文よりもむしろ投機的な委託販売として多くの商品が海外へ送られることもあった。何らかの理由で外国の需要が減退すれば，在庫が増える。そうなれば製造業者の生産意欲は低下する。その影響は国民経済に広がっていく。マサイアスの言うように，在庫循環の測定は難しい。在庫循環を測るには最低でも四半期のデータが必要となる。またここで述べられている在庫循環の周期は4～7年で，

---

†17　景気変動論の論客の中で，利用可能な信用の増減と利子率変化に伴う商人の在庫への敏感な反応が製造業者の生産を動かすことで景気変動が発生しているとしたのは，本書第3章で扱うR.G.ホートレーである。

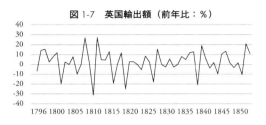

(出所) B.R.ミッチェル編『マクミラン新編世界歴史統計 1』より作成。1813 年はデータ欠落のため前後年の平均値。

今日知られている在庫循環の平均よりやや長い。今日では平均 40 か月というところである。それにしても，資本主義の初期にも在庫循環の存在が語られていることは感慨深いものがある。われわれは，後でこの在庫循環を詳しく見ることになるだろう[†18]。

経済変動の第 3 の主因は投資の変動である。石炭，鉄，造船，建設，機械等の資本財産業が食品加工や繊維製品などのような消費財産業の背後に存在していた。これら資本財産業の繁栄は消費財産業の製造業者から，また住宅や輸送や各種公益事業への一般的投資需要から発せられる注文に大部分依存していた。例えば，消費財産業の製造業者からの需要は，収益が良好で，利潤が上向き，自信にあふれていた景気循環のピークに集中する傾向にあった。したがって，好況は投資ブームに導きうるのである。

そして投資ブームにはもう一つの圧力が加わる。投機である。ブームでは楽観主義が支配的となって，信用を提供し資本のはけ口を求める人々の判断基準が一般に低下した。

マサイアスは，景気循環と投資周期を区別している。また，現実にはそ

[†18] 貿易関係の統計は最も古くから存在するデータの一つである。英国輸出額の前年比を図表化した図 1-7 を見る限り，輸出額の変動は大きくかつ短期的であったことがうかがえる。かなり短期間に山から山，谷から谷へと変動しているのである。

れらが絡み合って経済の変動を発生させたとする。そして，投資周期のほうが景気循環よりも長いので，消費財産業からの需要の減退が資本財産業に及ぼす影響はより大きいものであった。実体的には，投資周期の影響は基幹産業の不振と失業に出てくるとしている。ここで，投資周期とはいわゆるジュグラー循環のことであるから，それより短い景気循環とは在庫循環つまり，キチン循環[†19]を意味するものと解せざるをえない。

第3節❖正統派経済学と景気変動論

ここに言う正統派経済学とは，景気変動論の初期においては，A.スミス，D.リカード，J.S.ミルに至る古典派経済学のことである。そして，その古典派経済学に完全な賛同を示したとは言えないが，その後継者ともいうべき新古典派経済学や，それらの経済学に批判的であったJ.M.ケインズに端を発するマクロ経済学なども含む。要するに今日，われわれが普通に言うところの経済学が正統派経済学だと考えることにしたい。

ことに初期においては，自由放任（laissez-faire）の思想とも絡めて理解されているように，市場の機能に全幅の信頼を置いて理論展開を行う場合がほとんどと考えていいだろう。これを端的に示すのが，J.-B.セイが発見した「セイの法則」である。これは別名「販路法則」とも呼ばれるように，生産された財は必ずその販路を見つけるというものである。別の言い方をすれば，供給はそれ自身の需要を創造する，とも言える。この法則が古典派経済学の支柱とも言うべき仮説であることは言うまでもない。なお，セイはフランスの経済学者であり，同時代のフランスの経済学者に次章で登

[†19] J.キチンが見つけた周期約40か月の景気の波のこと。詳細は第3章 p.80 参照。

場する S.シスモンディがいる。

　また，セイはいわゆる恐慌という現象が発生していたことを知っていたとされる。確かに，彼の生きた18世紀末〜19世紀初頭には恐慌が起きており，彼は現象としてそれを知っていたはずである。しかし，彼にとっては，恐慌は偶然に発生し，間もなく解消されるべき現象にほかならなかった。また，その販路法則の意味するところから，部分的に生産（供給）が過剰になる状態がすなわち恐慌にほかならないと考えた。後の新古典派をも含む広義の古典派では，経済の活動水準を決めるのは供給であって需要ではないという考え方が続いていくことになるが，その源流は「セイの法則」にある。財は供給されれば必ず売り尽くされる。部分的な供給過剰が大きい場合は調整に少し時間がかかるが，それは文字通り時間の問題なのである。

　すでに明らかであるが，「セイの法則」を前提とするなら，景気変動というものは発生しないのである。正確には，発生したとしても放置しておけばまたすぐに均衡点に至ることになる。価格メカニズムが働いて，超過供給（供給＞需要）なら，価格が低下することにより財は売れ残りなく需要される。超過需要（需要＞供給）なら，価格が上昇することによりちょうど売り切れる。いずれにしても，売り切れるのである。だから，「恐慌」は心配する必要がない。資本主義市場経済に任せておけば，資源はうまく配分されみんな幸せになるはずなのである。

　資本主義が封建制度よりも国の生産力を拡大させたことは，正統派経済学と一線を画していた人たちも認めていた。ただ，それがいつもいい顔だけを見せるわけではないということをどう考えればよいか。その点のこだわり方は論者によって違っていた。問題は，突然訪れる不調が資本主義という新しいシステムに内在するものである，つまり逃れることができない

「病気」と考えていいのかどうかであった。逃れられない「病気」なら，それは繰り返して起こるはずである。本当に繰り返しているのか。当時はまだデータに乏しいことを思い起こそう。出来事の単発的・表面的観察に終始するほかなかったとしてもいたしかたないとも言えよう。

経済学，つまりここでいう正統派経済学は，景気の変動という問題を些末なことのように扱ってきたようにも見える。古典派から新古典派に至る経済学は，結局均衡論であり，経済システムが不均衡の種を内包しているということ自体と親和性がない。また，関心対象がマクロ経済ということで一見親和性が高いと考えられるマクロ経済学（この場合はケインズ理論を基礎とする）は，国民所得あるいはGDPの成長率やGDPギャップですべてを語ろうとする。要するに，彼らにとって景気とはGDPの変動であり，その成長はともかくも，変動はないほうが良いということになるのである。自然，その意味での景気変動は景気対策という名のマクロ経済政策で均せばよいということになる。

ここにおいて，景気とは何かという大きな問題が発生している。これは後で取り上げることにして，ここではただ，GDPは景気変動の結果であって景気変動そのものではないとだけ記しておこう。

本節の最後に，景気変動に関する一つの事実を，ある専門家の著書[20]によって確認してみよう。その事実というのは，古典派経済学者たちが景気変動を見つけることができなかったという事実である。だから，景気変動を説明する首尾一貫した統一的な理論を企図した者は誰一人としていなかった。景気変動というものは，端緒となるものが何も存在しなくても発生しうる現象でありうることを，誰も理解しなかった。みなそれは外的な

---

[20] ラース・トゥヴェーデ『信用恐慌の謎』（赤羽隆夫訳，ダイヤモンド社，1998年）p. 83-84。

ショックが原因になって引き起こされると考えた。だから彼らの著書にはcycleという用語が出てこないのである。一方，crises（恐慌）という用語は出てくる。例えばJ.S.ミルのように，一方の行きすぎから反対の行きすぎへと移行する現象に気付いた人もいた。しかし，これらの現象が資本主義経済システムに内在する基本的な波状運動の諸局面であると考えた人はいなかった。それで彼らは，資本主義経済システムの動態を正しく記述し，評価することの可能性に着目することができなかった。その中でC.ジュグラーは，頻発する恐慌を独立に起こった偶発事件ではなく，経済組織に内在する不安定性の周期的表明の繰り返しであることを誰よりも早く理解した人である。「不況は何かが間違ったから起こるわけではない。何かが良くなりすぎた結果起こったのだ」と彼は述べている。

　本節で述べてきたところは，小さな問題ではない。

　正統派経済学の理論に親しんだ人は，景気学派が蓄積してきた知識を必ずしも踏まえずに景気を論じることがある。上で取り上げた著者のような実務家が補正してくれるなら安心だが，経済指標なら何でもいいから全部ひとまとめにして一つの数字に直し，その動きを見ていれば景気は分かるのではないかと言った経済学者もいる。こういう学者はトゥヴェーデの言うような古典派経済学者に近いのであろう。いずれにしても，正統派経済学が初めから景気変動に関して失敗しているという事実は重大である。

❖ 重要事項の確認 ❖

① 1. 景気変動と資本主義

　資本主義成立以前にも，天候や戦争によって経済が極端な振れ（変動）を示すことはあった。しかし，規則的に両極端な変動を示すことは，資本主義成立の前後から見られた。資本主義は，私企業の競争を最も重要な特徴としていることから，なんらかの企業活動が原因となって景気変動が発生するものと考えられる。景気変動は企業活動と深い関係がある。

① 2. 経済変動の二つの要因

　P. マサイアスは，経済内的変動要因と経済外的変動要因，あるいは外生的要因とを区別する。経済内的要因には国内要因と海外要因がある。海外要因とは，例えば貿易である。外生的要因で重要なものには天候と戦争がある。

　マサイアスは，貿易が国内経済の変動に規則性を与えたとしている。そして貿易と天候・戦争のほかに重要な要因として，投資を挙げている。

　マサイアスの用いる「経済の変動」という用語は，景気変動と読み替えたほうが適切であろう。

① 3. セイの法則

　供給は自らの需要を作り出すという法則。フランスの経済学者 J.B.セイが発見した。古典派から新古典派に至る経済学で認められている法則である。これによれば，作りすぎれば価格が低下し，売り尽くすことができる。作り足りないときは価格が上昇し，結局作っただけ売れる。セイの法則に従えば，経済の活動水準を決めるのは供給側ということになる。

問　題

1. 資本主義経済システムの特徴を簡単に述べなさい。

2. ある経済において、国内総生産が100、民間最終消費支出が60、民間企業設備投資が14であるとき、民間最終消費支出と民間企業設備投資の対国内総生産構成比はいくらになるか。（構成比は、経済データはもちろんのこと、ほかのジャンルのデータでも用途は多い。）

3. ある経済において、第1期と第2期における名目賃金指数はそれぞれ100と102であった。一方、消費者物価指数はそれぞれ100と105であった。
   ① 実質賃金の変化率を求めなさい。
   ② ①の変化は消費支出にどのような影響を与えるだろうか。

4. J.-B.セイの「販路法則」によれば、供給はそれ自体の需要を創り出すという。この法則が貫徹している経済において、供給曲線はどのような形をしているだろうか。
   また、この経済において、政府が政策的に需要を追加した場合、生産水準はどう変化するか。生産水準を変化させるためには何が求められるだろうか。

5. 資本主義の特徴をよく表しているものに、生産要素（労働力、資本等）の貢献に応じた所得分配がある。（この問題は簡単な数学を使うので、余力があれば解いてみてほしい。）
   完全競争市場におけるある財の生産関数は、$Y=F(L, K)$ である。L＝労働力、K＝資本である。財の価格が P、賃金が w のとき、労働力の貢献に応じた所得分配になることを明らかにしなさい。ただし、資本とその価格は固定されているものとする（K とその価格 k は不変）。【ヒント▶この企業の利潤を極大に導く1階

の条件を求める。】

6. 資本主義経済であれば市場機構は必ず存在している。しかし，市場機構が存在しているから資本主義経済だとは言えない。その理由を述べなさい。

7. P. マサイアスは，輸出の変動が19世紀前半の英国における短期的な景気変動である在庫循環を引き起こしていたと指摘した。当時の英国の製造業において，「輸出→製品在庫→生産」というプロセスで何が起きていたかを説明しなさい。

第 2 章　景気理論としての恐慌理論

【本章のねらい】

　恐慌にはある種のイメージが付随する。広く知られている米国の大恐慌（1929 年～）は，おそらく一般に桁外れの大不況というイメージでとらえられているだろう。そのイメージは正しいのだが，言うまでもなく恐慌は規則的に発生するものではないし，周期的でもない。それは通常の景気変動の後退期が大きく下振れしたときに発生するのである。

　その有力な要因としては，通常の景気変動論に登場する過剰投資が挙げられる。恐慌の場合，その過剰ぶりがひどいということである。そこに資本主義の病理を見ていた人たちもいる。ある人たちは，資本主義の終焉までも予想していた。

　病理であれ，体制の終焉であれ，恐慌は現代と将来にとって無関係な過去の物語だといえるだろうか。恐慌が資本主義経済に内在する諸力の結合点に発生することを理解する必要がある。景気変動の一つの特異な局面としての恐慌という理解も重要であろう。それは，正常な局面ではないが，いつでも起こり得る局面と考えるべきである。

第1節 ❖ 恐慌とは何か

1 ▶ 恐慌の定義

恐慌を意味する英語は複数ある。depression, crisis, panic などである。

1929 年に始まる有名な米国大恐慌あるいは世界大恐慌は，The Great Depression と表現されることが多いようである。英語の印象からして，常軌を逸したレベルの経済不調であることがうかがえる。

恐慌を経済辞典的に言えばどうなるか。

- 景気変動の過程のうち，好況局面で突如発生する深刻な景気後退[†1]。
- 不況が深刻化し，金融危機が起きる状態。経済は混乱状態に陥る。
- 景気変動の後退局面で，需要の急速な減少，商品の過剰，物価の下落，信用関係の麻痺，企業倒産，失業が急激かつ大規模に生じ，一時的に経済活動全体が麻痺すること。

以上のような経済状態を恐慌と呼んでいる。共通認識として，まず，恐慌はいわゆる景気変動（循環）の後退局面で発生する現象であるということは重要であろう。つまり，恐慌とは，通常，景気が山から落ちてきている局面で発生する現象ということである。これをあえて模式的に描けば以下のようになるであろう（**図** 2-1）。

前章で見たように，資本主義の初期には，工業生産や物価が大きく変動

---

†1 好況局面で突如発生するというのは，後退局面で発生するのではないという意味ではない。恐慌の直前は非常な好況のはずである。恐慌になると，その瞬間からもはや後退局面に突入する。つまり，時間的な経過を強調した定義と言える。

図 2-1　恐慌と通常の景気後退（模式図）

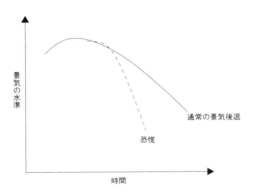

していたことからも，上図のような恐慌が継続的に発生していたということであろう。繰り返しになるが，恐慌は資本主義の初期にはかなり頻繁に見られた現象である。大雑把に言えば，資本主義の初期には生産力が飛躍的に拡大したこともあって，ときに需要が追い付かなくなることがあったのである。今日のようなマクロ経済政策や金融システム安定化策も未整備の状況であったから，当然，振れは大きくなったし，行き着くところまで行くということも珍しくはなかったであろう。

しかし，それは今日に言う景気後退であることも事実である。つまり，何か突然変異的な事象が勃発したと理解すべきではない。そして，恐慌に大きな関心を持ってその解明に努めた人々がいた反面，たまたま起きているだけですぐ治まるはずだと静観していた人々がいたというのも示唆的である。われわれは後に，景気変動に対処する姿勢について考えることになろう。

2▶ 恐慌の特徴と実態

恐慌について大よその輪郭は明らかにしたので，次にその実態を深彫り

してみよう。

　まず，資本主義の初期に限れば，どの程度の頻度で発生していたものなのであろうか。

　前掲の藤瀬浩司『資本主義世界の成立』によれば，産業革命期に起こったいわゆる「過渡的恐慌」は，様々な外的要因を無視しえないとしても，綿工業を中心とした過剰生産を基盤としている[†2]。ここで外的要因とあるのは，この時代までの経済に見られた下方への大きな振れの要因が主として戦争とか天候などの非経済的な要因に基づくものと見られるため，いまだ本格的な資本主義経済の変動とは見なせないという意味である。

　この過渡的な恐慌は，1788年を最初として，英国の対仏戦争の影響と絡み合いながら，1793年，1797年，1803年，1810年，1815年，1819年と繰り返し起こっている。この間，恐慌が起きる間隔は4〜7年で，多数の個別資本が競争する状況が続いたとある。ただ，それは明らかに資本蓄積過程そのものが生み出す過剰生産恐慌であった。しかしそれらは，景気局面の明確な交替や固定資本更新を内的契機とする定期的反復性[†3]を持たず，またすぐれて綿工業一部門を中心として発現した。

　その後，1825年に恐慌が起こっている。この恐慌は，多くの論者によって資本主義初の本格的かつ全般的な恐慌であるとされる。藤瀬によれば，この恐慌が綿工業のみならず，製鉄，鉱山，造船など生産財・資本財生産部門における資本投資の高揚からの反落によって起こっており，それが全般性を持つ恐慌につながったのである。それは基幹産業の質的変革と量的

---

†2　過剰生産は，恐慌のみならず，景気変動の要因としても最重要なものである。
†3　もし「定期的」という語の意味が「周期的」と同じで，決まった期間ということなら，これは要件としては不要である。規則的ではあるが周期的ではないというのが，景気変動一般の「動き方」の特徴である。

発展によって初めて与えられるものであるから，1825年恐慌は資本主義確立の指標ともなっているという。

以上の記述と期間は重複するが，T. バラノーフスキー『英国恐慌史論』も見ておこう。

バラノーフスキーによれば，恐慌が反復的に発生したと考えられるのは1820年代に入ってからである。1811年，1815年，1818年の各恐慌は，そのタイプから見ると前世紀の諸恐慌と同じ部類のものであって，規則的ではなく，対仏戦争と直接関連している。1年の食い違いはあるものの，経済外的な要因に基づく恐慌として，資本主義経済における本質的な変動ではないというのである。この点も符合していると言えよう。

しかし，それ以降に起こった恐慌については，外部の事情からではなしに，経済システムそのものの内的本質から発生していることが観察できるという。全般的好況期に，商工業が最大の高揚期にあった最中に，まるで雷雨のごとく商業恐慌が突発し，それに伴ってあらゆる結果──破産，失業，国民大衆の苦境など──が現れた。1825年，1836年，1839年，1847年の恐慌がそれである。バラノーフスキーによれば，有名な1825年恐慌は以下のようであった。

1825年恐慌に先立つ1823年から，英国では商工業の高揚が見られた。輸出が増加し，鉄の価格が大幅に騰貴し，イングランド銀行の正貨準備は大きく減少した。前章で見たように，1825年末の英国貨幣市場には，イングランド銀行の金庫からほとんど全部の貨幣が失われたほどの破滅状態が現れた。この破局が翌年に破産件数の激増，輸出の減退，鉄価格の下落という結果を生んだ。資本が貨幣市場に満ち溢れ，社会的な生産力は前回の恐慌によって流通が傷んでいたために拡大できずにいた。

しかし，こういう状態は長くは続かない。次第に産業が不況から立ち直

ってくる。企業者は新市場を探し，注意深く需要を追い求め，需要が少しでも増加すると，たちまちそれが生産の拡張を呼ぶ。ほんの少しの刺激でも動き出す。この時点で誘因として働いたのは，中南米諸国の新市場の発見であった。貨幣市場が溢れているのに，それを投下できない状態であった。つまり，過剰流動性が存在していたということである[†4]。英国からそれら新市場に向けて資本が殺到した。ロンドン証券取引所では激しい投機が起こった。短期間に投機による莫大な財産が獲得されていった。王族，貴族，政治家，官公吏，弁護士，医師，聖職者，哲学者，詩人，未婚の娘，妻女，寡婦たちが，会社名以外は何も分からない諸企業に，財産の一部を投資するために取引所へ殺到した。感染者が多くなればなるほど，それ以外の大衆層への伝染作用がますます強まる。しかし，ここで忘れてはならないのは，この投機伝染病が大きく広がることができた原因が，国内で有利な投資先を見つけられない巨額の遊休資本が累積していたことにあるという点である。

　外国有価証券に対して始まった投機熱は，やがて国内市場にも伝染した。鉄道・運河の建設，汽船航路の開設，ガス会社や保険会社，銀行，工場など，数えきれないほどの事業計画が続々と発表されたのである。しかし，その中にはただ投機目的で設立された恐ろしく空想的な企業も多く含まれていた。

　中南米市場の開放は，英国取引所で投機を引き起こしたのみならず，英国商品の輸出を増大させた。中南米向けの輸出額は1821〜25年にかけて2倍以上に増加した。主な輸出品は綿織物である。需要増加で英国の綿織物の価格は騰貴し，増産を呼んだ。中南米諸国の輸入代金はそれら諸国が英

---

†4　状況としては，金融が緩和していたということである。

国で発行した公債による借金で賄われた。

　1824年における英国産業の状態は、あらゆる点で大いに好調であったが、商品価格は全般的に上げ幅が小さかった。投機熱は商品市場にまでは及ばず、商品価格は需要と供給の関係において決まっていた。1824年末になると、あらゆる種類の原料在庫が、過去1年間の旺盛な消費のために著しく減少した。同時に、多くの重要作物（とりわけ綿花）の収穫量が国民及び産業の増大する需要を充たせなくなるのではないかという不安が表面化した。これが商品市場にまで投機を広げることになった。

　1825年初めには商品価格が急騰し始め、7月に最高水準に達した。投機が最も大きかったのは綿花の価格で、ニューオーリンズ市場よりもはるかに急テンポで上昇した。W.S.ジェヴォンズによれば、1825年の商品価格は前年比17%上昇した[†5]。

　国内価格の急騰で、輸出が減り輸入が増えた。しかも、その動きは大きかった。これが英国経済を苦境に追い込んだ。輸入増大で金が国外に流出した（当時は金本位制[†6]であった）。

　イングランド銀行の正貨準備が急減して、紙幣の兌換を停止しなければならないほどの危険状態になった。一方、輸入された商品が国内市場に出回り、それがまず物価を引き下げた。国内の増産による供給は増えなかっ

[†5] W.S.Jevons, *Investigations in Currency and Finance*, MacMillan, 1884. ジェヴォンズは限界革命の立役者の一人。太陽黒点説を提唱して景気変動論にも縁が深い。正統派経済学と景気変動論の双方に明確な足跡を残している数少ない例と言えるだろう。

[†6] 金本位制は各国の通貨の価値が金で表される制度。中央銀行は発行した通貨と同じ価値の金を常時保有していなければならない。一種の固定相場制度。国際収支の調整メカニズムを内包しているとされる。国際収支が赤字となれば国外に金が流出し、その分保有する金が減るので国内の通貨量が減少し、金利が上昇する。また、物価は下落する。それで輸出が増加して国際収支も黒字化していく。J.M.ケインズは、この金本位制のことを「未開社会の遺物」と呼んだ。

た。海外市場に英国商品が充満していたため，価格が低下しても輸出が増えなかったからである。しかも，国内にも輸入品が充満していたが，輸入品はそれ以上増えることはなかった。なぜなら，一国の富とあらゆる社会階級の所得は，まさに生産の規模によって定まるからである[†7]。したがって，過度に上昇した価格は下がっていった。それが1826年下半期に一段と激しくなった。物価の急落で高値再販売を当てにしていた投機者たちは破滅した。商品市場と産業界の雰囲気は一変し，意気消沈と物価続落の不安が広まった。

　イングランド銀行の金庫は，外国への金流出によって著しく欠乏し，多数の取引所投機者は上場証券の相場下落によって破滅した。しかし企業はまだ破産していなかった。だがそれは，単に支払い義務履行期が来るまで猶予があったにすぎない。破産はまず，各銀行から始まった。取るに足らない風評が流れただけでも，預金者たちが銀行に貯金の即時払い戻しを要求したからである。1822年，議会条例で民間銀行が1ポンド銀行券を発行することが認められた。しかし，1ポンド銀行券を保有していた人々の大部分は，金持ちでない人たち，零細企業者，商人，農民などであったから，そういう人たちが過度の不信感に駆られたのである。1825年恐慌の発生原因に1ポンド銀行券の過剰発行を挙げる人は多い。ただ，それが最大の原因とするのは不適当である。もちろん，それが恐慌の激化に影響したことは否定できないが，恐慌自体は不可避なものになっていたのである。

　1826年上半期いっぱい続いた諸銀行の破産が，その顧客層である商工業者の破産をもたらし，逆に顧客層の破産が諸銀行における支払い停止の原因となる例が頻繁に見られた。1826年いっぱいは，前年に破産した諸企業

[†7] これは景気変動論にとって重要な事実である。生産活動が所得の源泉であるという不変の事実を忘れないようにしたい。

の清算に費やされた。商工業の中でも大手輸出商社の打撃が大きかった。投機が激しかった綿工業分野も同じく大きな打撃を受けた。

　外国債や企業に投下された巨額の資本は失われたが，恐慌後の英国で資本不足はまったく問題にならなかった。1827年2月には，イングランド銀行の正貨準備は1,020万ポンドまで回復し，民間預金が880万ポンドに達した。企業は恐慌直後の3～4年間，資本不足に苦しむどころか，採算の合う投資先を見つけるのに苦労していた。恐慌は一国の生産諸力を減少させたのではなく，貨幣及び商品の流通メカニズム全体を混乱させたのである。すべての商品の販路が攪乱されたために，生産者は生産を縮小せねばならず，労働者は失業し，工場の建物・機械等が遊休状態に置かれねばならなかった。

　しかし，このような状態もまた長くは続かない。いかなる恐慌でも，それ自身の内に回復の条件を含んでいる。恐慌直前の数年間においては，すべてのことが過度の生産拡大と物価上昇とに寄与するとすれば，恐慌後の数年間はすべてのことが経済的雰囲気の浄化と信頼感の回復とに寄与する。小資本家と資産を減らした投機者は破産し，生産はすでに縮小されている。したがって，恐慌と商品価格の暴落とを招いた主要原因が作用を停止せざるをえない。そこで商品の大量過剰から解放された市場は，増大した商品需要に再び拍車をかけ始め，産業界は新たに高揚する。

　ある点において，1825年の恐慌は，英国産業に有益な影響さえ与えている。1833年の議会証言に登場したスミスという名の工場主によれば，英国の各工場には恐慌後になって初めて，蒸気織機が一般に使用されるようになった。製鉄工場でも，1825年以降に重要な各種改良が行われており，ヒルという名の工場主によれば，これによって鉄の生産費がかなり大きく引き下げられた。商品価格の下落によって利潤率が低下したことが，製造業

者に生産費引き下げの手段を求める動機を与えた。それで恐慌後の数年間は，技術の急速な進歩が見られた。

　以上が有名な1825年の恐慌のあらましである。そこから何を汲み取りうるであろうか。

　まず，景気後退の振幅を拡大するのは，好況期における投機熱であることが挙げられる。慎重な投資の実行という程度では，恐慌にはならない。投機熱が発生するには，新市場の開拓など新たな経済社会の楽観的な見通しにつながるような事象が発生していることも必要である（それが行きすぎればバブルとなる）。そして，恐慌には銀行倒産のような金融危機的な状況が伴っていることが多い。要するに信用の急激な（あるいは常軌を逸した）増減が特徴でもある。

　次に，恐慌は生産量の急激な減少を伴う。その結果，労働力や資本設備に遊休部分が広がる。多くの小資本家が破産して市場から撤退することにより，生産能力は削減される。やがて需要と供給のバランスが回復する。企業は，商品価格の下落による利潤の減少を経験しているので，生産コストの削減方法を研究する。新技術を体化した生産設備導入も進められる。1825年恐慌でも，結果としてはバラノーフスキーの言う経済の浄化が進み，その後に良い影響を及ぼした。

　当時のこうした経済情勢に対して，イングランド銀行が銀行券を増発して手形割引を行い，信用拡大に努めた結果，信用面での動揺に歯止めがかかったことは重要である。何もしないのが最善とは言えない。しかし，景気の変動は，特にそれが後退期に関わるときは，「悪いこと」，「何としても脱却しなくてはならないこと」という観念が強く付随しがちである。歴史上名高い1825年恐慌では，信用面での下支えがあれば企業のダイナミズムによって新たな状況が招来される場合があるということが示されている。

激甚な景気後退としての恐慌時に，金融政策の下支えが無用という見解はおそらくあるまい。ただ，マイルドな景気後退では，企業が自らの責任で生き残りをかけて競争することを促すのが政府の役割であるという考え方は，別に新古典派とかマネタリストといった人たちの主張を待つまでもなく，十分検討に値することなのではないかという印象を持つ。われわれは，後でこの問題をより詳しく取り扱うであろう。

第 2 節 ❖ 恐慌の根源的要因

　恐慌というものが，今日われわれが言うところの景気後退の激化したものであることが分かった。それでは，恐慌はどうして起こるのだろうか。その要因は，実はすでに上述したところに顔を出しているのだが，ここでは内容を拡充しながらもう少し詳しくまとめてみよう。
　景気変動と恐慌の関係について改めて整理すると，恐慌は景気変動に含まれる現象である。高田保馬はその著『景気変動論』で，景気変動よりはむしろ恐慌という激動のほうが世人の注意を早く引いたと述べている[†8]。学者の考察もまずそれに向けられた。そもそも恐慌は，景気の循環的変動よりも早くからある現象である。英国でも信用恐慌は 17 世紀から存在している。一方，景気の循環的変動は 1820 年以降のことであるという説がある。やがて恐慌が景気変動の一部であることが明らかになるに及んで，考察の重心もまた恐慌から景気変動そのものに移ってきた。高田はこのように述べている。
　高田はまた恐慌について，それが中核的な性質と，そこから必然的に発

[†8] 高田保馬『景気変動論』（日本評論社，1928 年）p.401。

生する現象とに分けられるとしている。前者は相当の広がりを持つ支払い不能であり、後者はこれに伴って起こる経済活動の中止や混乱である。すべて恐慌はその中核においては信用現象である。

　それならば、いかにして恐慌が発生し消滅するのか。

　まず、資本の所有者と企業者との分離が必要である。企業者が資本の全部あるいは大部分を所有しておらず、資本家から借りる、まさにそのことが恐慌を可能にしている。恐慌は支払い不能を中核的な現象としている。信用をすべて企業者が所有しているなら、支払い不能は発生しない。他人から借りているからこそ支払い義務が生じる。生産が減少したり、価格が低下したり、販路が行き詰まったりすれば、多額の損失を被る。ただ、もともと自分の資金ならばそれが減るだけである。経済界は激動するかもしれないが、一般的な信用不安は起こらない。

　しかし、現実には企業は信用の需要者であり、資本の借り手である。景気が拡大していくときのことを考えてみよう。事業遂行まで完全に賄うことのできる資金が用意され、結果的に過不足なく遂行できるならば、恐慌は発生しない。景気拡大に伴って、生産財価格が上昇し、資金が足りなくなれば、設備投資の資金も不足するかもしれない。しかもこれは当初から相当の資金を所有している場合である。資金を借りている場合は、借入の規模はより大きくなる。

　次に、一般的な景気後退ではなく恐慌を生じる要因についてはどう考えるべきか。

　これは程度の違い、不比例・不相応の程度差である。動いていく経済の数量の間に均衡が保たれないこと、つまり動的均衡が維持されないことである。しかし、これでは答えにはならない。一般的に言えば、上昇の程度、特に生産の拡張が過度であればあるほど、下方転回の角度が鋭く、恐慌を

伴いやすい（山高ければ谷深し，谷深ければ山高し）。この過度の生産拡張はどのようにして起こるか。一つには，見込みの錯誤がある。見込みの錯誤には合理的なものと不合理的なものとがある。生産拡張への着手と，その実現による生産物の供給との間には時間的距離がある。それゆえ，ある財の需要増加に対して供給増加の計画が講じられても，急速には供給数量が増加しえず，上がる価格に釣り込まれて必要よりもはるかに多くの生産拡張計画が遂行されることになる。このとき生産財，つまり中間財の需要が大きく伸びる。これが見込みの錯誤である。これがあるために景気上昇の運動が過度になる。

　これをさらに過度にするものが投機である。企業は利潤動機で動くので，その活動の中に投機的な要素をいくらか含むことは否定できない。ただしそれは付随的な要素である。投機を専ら業とする投機的企業とは違う。このような企業あるいは個人が，景気上昇期の価格上昇を利用してその間の売買により利益を獲得しようとして活動する。生産者自身もこの機をとらえて生産を拡張し，利益を増やそうとする。商品投機で儲けようとする人たちが注文をかさ上げしてくる。その際，信用が増加しなければ，取引高も生産も増加しない。過度な景気上昇には過度な信用の膨張が伴う。これが恐慌を生む危機をはらんでいる。

　何が恐慌を引き起こすのか。上昇の行き詰まりが必ず恐慌という激変を伴わねばならないということはなく，通常の景気後退となる可能性はある。過度の上昇となるには投機が不可欠というのでもない。過度の見込みの錯誤があれば，生産の拡張は過度になりうる。しかし，投機が伴えば，過度の程度は増すであろう。したがって，恐慌は概ね投機を伴うのである。そして，投機によって行きすぎた上昇は反動として恐慌を呼ぶ。このことは，過度に膨張した信用の急激な収縮を前提条件とする。

以上の恐慌についての高田の所見をさらに簡潔化し，現代の表現に置き換えればどうなるか。かなり多くの企業が自社の業績の先行きに楽観的な見通しを持っている状況下で，設備投資や雇用に過度に積極的になるような場合は，景気の過度な上昇が見られるかもしれない。そして，株や社債，投資信託などが飛ぶように売れる。そこには投機の要素が顔をのぞかせるであろう。期待に反して，消費財部門への需要が急減し，消費財部門に投資財や生産財を供給している企業は売上減と自らの設備過剰という二重のショックを受ける。それが経済全体に広がれば，急激な景気後退となる。いわゆる恐慌である。恐慌においては，全般的な過剰生産の状態が発生している。その根本的な要因を「投資の過剰」に求める説は，それとして否定すべくもない。

　われわれは，ここで恐慌理論と景気変動論の関係をいま一度確認しておくべきであろう。

　恐慌理論の全盛期は，いまだ景気の規則性あるいは循環性という観点からの考察はなされていなかった。後になって，恐慌は景気変動に包摂されることになるが，当初は資本主義経済に必然的に起こる帰結と考えられていた。生産が問題なく展開していくのは偶然とされた。しかし，19世紀末に至って，資本主義はかつて見なかったほどの繁栄を経験することとなった。恐慌も起こったが，その期間は短くなった。政府の介入の効果もあった。そして徐々に景気変動の一局面と理解されるようになっていったのである。

　19世紀末に至って資本主義が未曾有の繁栄をしたということは，より冷静に景気変動と取り組む機運が高まったということであり，重要な出来事と言えよう。その点を統計を使って確認してみよう。

　次頁の図を見る限り，フランスとドイツのアウトプット指標が1900年代

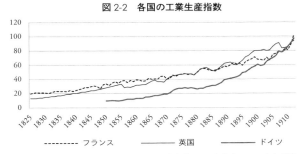

図 2-2　各国の工業生産指数

(出所) B.R.ミッチェル編『マクミラン新編世界歴史統計 1』より作成。1931 年を指数 100 とする。

図 2-3　各国の実質国民総生産

(出所) 図 2-2 と同じ。単位は次の通り。フランス：100 万フラン（左軸），英国：100 万ポンド（左軸），ドイツ：100 万マルク（右軸）。

初頭にかけて急激に増加していることが確認できる。英国も明確な上方へのトレンドを描いており，まずは順調な推移と評価していいだろう。こうした状況のもとでは，恐慌が発生するのはたまたまであって，好況と隣り合わせであるという事実を重視しようとする研究者が増えてくるのは必然であったと考えられる。

　さて，恐慌理論にも大別して二つのグループがある。あくまでも資本主義経済の病理と理解し，資本主義に批判的な立場を取るグループと，そこに資本主義の終焉を見ていたグループである。

前者の代表的な経済学者はフランスのS. シスモンディである。シスモンディは「過少消費説」を提唱した。それによれば，生産と所得の均衡が崩れることから経済が崩壊する。なぜ均衡が崩れるのか。特に重要な要因は，社会所得の分配関係である。資本家の資本蓄積により機械化が進み，賃金額が減少する。社会生産と社会所得に不一致が生じる。このような事態に至る根本的原因は，階級間の協調性がないことにある。しかし，シスモンディはその場合，国家による調整が行われうるとした。この「過少消費説」は，恐慌に関する理論の段階で止まったように思われる。もちろん，消費が景気変動の要因の一つであることは否定できない。ただ，景気動向の問題は，企業部門全体として消費動向をどう見積もっているのか，消費動向にどのように対応しようとしているのかということと密接に関わっているのである。

　後者のグループの代表格はK.マルクスである。マルクスは恐慌を体系的に理論化したわけではなかった[9]。マルクスの理論として再構成されているのは不比例説と過少消費説であり，前者の代表的論者は T. バラノーフスキー，後者は R. ルクセンブルグである。不比例説とは，複数の生産部門間でバランスを維持しながら生産活動が進展するのは難しいというもので，過剰投資説的な考え方である。すなわち，人間の欲望を充足する手段としての生産と，資本増殖を自己目的とする生産との矛盾により，全体として過剰投資が発生することが恐慌の引き金となる。人間の欲望を充足する手段としての生産とは消費財生産のことであり，資本増殖を自己目的とする生産とは生産財・資本財等の生産のことである。資本蓄積を自己目的とする部門では，生産能力が過剰となり，消費財需要の減少のみならず，

---

[9] 大野忠男『経済学史』（岩波書店，1988 年）p.160。

自企業の資本設備も消費財部門以上に打撃を受ける。なぜならば，消費財部門は消費財の需要動向に敏感であっても，生産財・資本財部門はそうではなく，相変わらず資本蓄積に熱心だからである。一方，過少消費説では，いずれにしても労働階級の所得が伸びないことから恐慌が発生するとされる。先に見たシスモンディの過少消費説も，階級間の協調性の欠如が原因であるとしている。

マルクスといえば恐慌が思い浮かぶのだが，景気変動の考察も彼の業績の中で重要な地位を占めている。大野忠男『経済学史』によれば，有名な「産業予備軍」の概念が，景気変動の理論で重要性を有しているという[†10]。産業予備軍とは，失業者ないし偽装失業者のプールであり，資本蓄積の進行が資本の有機的構成を高度化し，不変資本（機械資本）に対する可変資本（賃金資本）の相対的減少をもたらすから，機械による労働の代替により労働は放出されて，失業者すなわち産業予備軍が増加する。マルクスは，この産業予備軍の巨大化が，資本蓄積の「絶対的で一般的な法則」だと言う。その結果，永続的な産業予備軍の存在によって，賃金の上昇が阻まれ，労働者は「窮乏，労働苦，奴隷状態，無知，野生化，及び精神的堕落」の状態に陥るのを免れないとした。

つまり，マルクスは景気変動に関するまとまった理論は遺さなかったが，おおよそ次のように考えていたと思われる。「経済の活況→資本投下増大→労働需要増加→産業予備軍の減少・枯渇→賃金上昇→労働の枯渇のために景気反転，あるいは賃金上昇による利潤減少で蓄積鈍化→総需要の減少から恐慌発生→不況→産業予備軍増加・賃金低下→次の景気上昇への準備」。

なお，大野によれば，マルクスは10年周期で景気変動が発生することを

---

†10 大野，前掲書，p.160。

認識していたという[†11]。資本蓄積に比重を置くマルクスの理論から考えて，それは設備投資循環の可能性が高い。ジュグラーとほぼ同時代であったことからすれば，先駆的業績と言えるものであろう。

さて，マルクスの恐慌論を再構成しようとしたT.バラノーフスキーの「不比例的過剰投資説」は，おおよそ以下のように説明できるであろう[†12]。過剰投資説にも複数あるが，そのうちでバラノーフスキーは，消費財部門と投資財部門の不比例的な動向を重視する。

いま，社会に二つの企業があるとする。企業1は資本財生産部門，企業2は消費財生産部門である。

① 企業1は，毎年10台の機械を作っている。

② 企業1は，10台の機械のうち5台を来年の機械生産のために充てている。つまり，機械1台から2台の生産手段（機械）を作っている。また，残りの5台を企業2に売っている。

③ 企業2が，製品が良く売れているので来年は7台の機械がほしい，と言ってきた。そこで企業1は，5+7＝12台の機械を生産しようとする。

④ 企業1が機械を12台生産するには，企業1の使う機械は6台必要である。したがって企業1は，自社の使う6台＋企業2に売る7台＝計13台の機械を作らなければならない。

[†11] 大野，前掲書，p.160。

[†12] 小暮太一『改訂新版 マルクスる？ 世界一簡単なマルクス経済学の本』マトマ出版，2010年，p.51-55。なお，ここでマルクス経済学の入門書を説明に用いるのは，バラノーフスキーが分析にあたりマルクスの再生産表式を利用しているからであって，バラノーフスキーの理論がマルクスの恐慌論と完全に一致すると言いたいわけではない。ただ，バラノーフスキーは部門間の「不比例的」な動きが過剰生産に導くとしているので，概略としてはマルクスの理論を援用して差し支えないと思われる。

⑤ 13台の機械を作らなければならないということは，それを作るのに6.5台の機械が必要となる。6.5台＋7台＝計13.5台の生産が必要となる。

⑥ 13.5台を作るには，6.75台の機械が必要なので，計13.75台を作らなければならない。以下，13.75台で6.875台……13.875台で6.9375台……13.9375台で6.96875台……13.96875台で6.996875台……13.996875台で6.9984375台……13.9984375台で6.99921875台……ということで，結局14台作ることになる（機械の場合，13.5台という数え方は無意味であることに注意）。

企業1は，企業2に売るために機械生産を拡大するつもりが，結局は自社の来年の生産規模を拡大するための生産増に向かっていくことになる。企業2の生産とは「不比例的」に，生産規模が拡大していく。売る量が増えなくても，生産は増大していくわけである。

企業2の売上が落ちてくるとどうなるか。来年は5台でいい，と企業2が言ってきたとする。4台分の生産が宙に浮くことになる。企業2のほうは，消費財なので需要動向に敏感に対応可能だ。しかし，企業1は異変に気付くのが遅れる。4台分が無駄になり，借りていた資金の返済がのしかかってくる。企業1の労働者の賃金も低下する。それで消費財の需要も落ちる。全般的な過剰生産の状態になる。これが激しくなった状況が恐慌である。

つまり「不比例的過剰投資説」は，消費財生産部門の生産量の変動に比べて，資本財生産部門の生産量の変動が大きくなりがちであることを示唆しているのである。これを実際のデータで検証してみよう。

変動の大きさを比較する指標としては，変動係数（coefficient of variation）が知られている。これを計算に用いてみよう。

データの標準偏差（standard deviation：分散 variance の平方根）は，

$$\sqrt{\frac{1}{n-1}\sum(X-\bar{X})^2}$$

Xはデータの値，$\bar{X}$はデータの算術平均である。

このとき，変動係数は，標準偏差÷平均値で求められる。

日本のバブル崩壊後の1991～2014年までの鉱工業指数（経済産業省）のうち，資本財と消費財について変動係数を計算すると，資本財が0.11（100倍して11％），消費財が0.04（100倍して4％）となり，資本財の変動は消費財よりも3倍弱激しいということになる。

このように，確かに現代においても，資本財生産部門の生産量の変動が景気変動を主導する確率は高いと言えよう。

資本主義的恐慌の性質について，P. スウィージーはその著『資本主義発展の理論』で次のように述べている[13]。

資本主義生産の過程においては，資本家は誰でも，絶えず二つの進路の選択を迫られている。すなわち，その資本を流通に再び投じるか，それとも，それを貨幣形態において保持するかの選択である。長期的には，彼は資本を投下しなければならない。しかし，短期的には選択の余地がある。いま仮に，いずれか特定の産業で利潤率が通常の水準以下に低下するならば，資本家たちはその資本をその産業から引き揚げて，他の何らかの産業に移すと考えることは不自然ではない。もし利潤率が，すべての産業ない

---

[13] P. スウィージー『資本主義発展の理論』（都留重人訳，新評論，1967年）p.174-175。スウィージーはいわゆる近代経済学者になるための訓練を受けたが，1929年大恐慌を経てマルクス経済学に関心を移したという。この著書は彼によれば，学部学生向けの入門書ということであるが，私に言わせれば驚くべき高水準の入門書である。

しほとんどの産業で通常以下に低下するとすれば，資本を移すことによって得るところは何もない。このような事態が起こると，資本家たちは不利な状況のもとで再投資をあえて行う必要はなくなる。彼らは事態が再び良くなるまで，再投資を延期することができる。彼らは利潤率が通常にまで回復するか，新しい利潤率で満足するまで延期するのである。この再投資の延期は流通過程を中断し，恐慌を引き起こす。恐慌とそれに続く不況は，実は，利潤率があるいは完全に，あるいは部分的に以前の水準にまで回復するためのメカニズムの一部なのである。

　以上，恐慌に関する理論は，それに特化した感のある「過少消費説」はともかくとして，「過剰投資説」は景気変動の要因論としても有力なものである。バラノーフスキーの不比例説も，結果として全般的な過剰生産の状態となることにおいては景気変動要因として通用する考え方であろう。恐慌の定義も，それが景気後退の激甚なものであり，後退要因が強く作用したということで理解できるものである。その後は，貨幣的な要因を重視する学派も現れるが，それは次章の課題である。

第3節 ❖ 恐慌は異常事か

　恐慌は景気後退の激甚なものであるとすれば，資本主義経済においてそれが発生すること自体は異常とは言えない。つまり，いつでもどこでも発生しうる現象と考えなければならない。われわれが忘れてはならないことは，恐慌という用語の持つ復古性・異常性にもかかわらず，それが昔の現象でもなければ異常な現象でもないということである。

　19世紀の代表的な恐慌については，これまでのところで扱ってきたので，この節では，その後の内外の代表的な恐慌を振り返ってみよう。

1 ▶ 米国の大恐慌

　これは 1929 年に始まる世界恐慌として広く知られている。J.K. ガルブレイスは,「この種の熱狂と崩壊はとかく忘れられやすいのだが, 1929 年の大恐慌は例外のようだ」と述べている[†14]。

　この大恐慌については, これまで数えきれないほどの研究がなされてきている。ただ, 近年, 資本主義経済がグローバル・マネーに翻弄される傾向を示してきたことで, 1929 年大恐慌への関心はやや下火になったのではないだろうか。つまり, 熱狂の要因が信用の過度の膨張を基礎としていることは同じでも, 関心の比重は, 実体経済の動きと必ずしも関係のない動機で金融派生商品の形をとったマネーが国境を越えて動き回っていることと恐慌的な現象との関係に移っているように思われる。

　とはいえ, 大恐慌の原因に関するマネタリストとケインジアンの間の論争は, 現代の中央銀行の金融政策の効果に関する議論でもたびたび取り上げられている。

　米国大恐慌は, なぜ起こったのか。まず, 背景を整理する。

　1920 年代は, すでにフロリダで不動産ブームが発生していた。それは 1926 年には崩壊した。元来が第一次世界大戦後の特需（繰り延べられていた需要の発現）によるブームであったわけで, その終焉も時間の問題であった。資本が遊休して, 株に向かっていった。実物投資から証券等に資金が流れたのである。そして金融も緩和状態といってよい。

　その後すぐ, ニューヨークで株の熱狂が始まった。1924～25 年にかけて株価が上昇し, 26 年に反落したが, 29 年にかけて急騰した。1921～29 年

[†14] J.K.ガルブレイス『バブルの物語』（鈴木哲太郎訳, ダイヤモンド社, 2008 年）p.118。

の間に株価は5倍になった。時代背景として指摘できるのは，世界経済の覇権を英国から奪い取ったことを誇る歓喜の時代であったということであろう。内燃機関，化学等の新技術への期待感などを背景とする「新経済」という時代認識もあった。国民全体が盛り上がっていた。それ以前の1913年には連邦準備制度理事会（FRB：Federal Reserve Board）が創設されて，景気変動はなくなるだろうと言われていた。公定歩合は，1925年，27年と引き下げられていた。金融は緩和的な状況にあった[†15]。株は，そのころすでに誰でも買っていると言えるほど一般化しており，一つの文化を形成していた。有力な経済学者も，株価の現状は米国経済の実力を反映しているとしていた。

　歴史上のバブルと呼ばれる現象に付きものとされるレバレッジ（梃率効果）を効かせた取引が行われていた。マージン・ローンと呼ばれるもので，保有株式の時価の10%を証拠金として払えば90%にあたる資金を借入できる。このため，金利が上がっても抑制効果が働かなかったとされている。1929年夏には，資金の借り手が払う金利は7〜12%であった。決して低くない。なお，証拠金率は崩壊後には50%に引き上げられた。そして，証券取引委員会が創設された。

　明白な理由は見つかっていないが，やがて崩壊がやってきた。大量の売

---

†15　いわゆるバブルの必要条件としての金融緩和の状況は否定できないであろう。それだけでバブルになるとは言えないが，バブルになった後で見ると，金融が緩和されていたケースが多いのである。わが国の1980年代のバブル，2008年に世界金融危機の原因となった米国の住宅バブルなどを想起すればよい。なお，J.S.ミルは，初期の英国資本主義を観察するなかで，いわゆる好況，その中でも熱狂的な好況と恐慌が相接して発生することを認識したうえで，恐慌時の金利の低下が熱狂的な資本投資に向かわせるとしている。恐慌に先立つ好況期では資本蓄積が進み，それがために資本の限界生産力が逓減し，実物投資に資本が向かわなくなる。つまり，資本が証券に向かうようになり，証券の流通価格が上昇して金利は低下する。これが資本の利用を促すため，好況下で投機が発生する。

りが出ているとの噂が駆け巡った。売っているのは大銀行ではないかとも囁かれた。1929年10月29日は、ニューヨーク証券取引所始まって以来の最悪の日となり、後に「悲劇の火曜日」と呼ばれることになった。

　影響は広範囲に及び、激甚なものであった。ホールとファーグソンの『大恐慌』によれば、1929～32年の間に、工業生産は50％程度減少、実質GNP[16]は30％程度減少、卸売物価指数は32％程度下落、消費者物価指数は20％程度下落したとある[17]。1930～33年の平均で見ると、インフレ率は－6.7％、実質GNP成長率は－8.6％、失業率は18.6％となる。

　米国大恐慌の様相が、資本主義初期に恐れられていた恐慌の定義にあまりにも当てはまりすぎていることに気付くであろう。このような現象を招来した要因については論争がある。景気変動論の立場としては、投機熱で過剰な経済活動が行われていたところに、信用面での制約が急に厳しくなったことから、需要の減少と生産活動の異常な収縮が起こったと考えるところであろう。物価は景気の急激な後退、すなわち恐慌に随伴して下落した。そして、いわゆるデフレ・スパイラル現象が発生したのである。つまり、いったん恐慌に突入すれば、物価下落（デフレ）と実物経済の後退が悪循環を形成するのである。まず、物価ありきではないことに注意する必要がある。M.フリードマンとA.シュワルツは、当局の金融政策の誤りがバブル崩壊後の恐慌の要因だとする。すなわち、通貨供給量を増加させるべき局面にもかかわらず、1928～29年には増やさず、むしろ29年8月から30年10月までに2.6％減少していることを問題視している[18]。この見解

---

[16] GNP（国民総生産）は、GDP（国内総生産）と似た概念であるが、海外における生産活動も勘案する。そのため本来の生産量を正確に表せないということになり、日本では1993年以降、GDPを採用している。

[17] T.E.ホール, J.D.ファーグソン『大恐慌』（宮川重義訳、多賀出版、2000年）p.5-16。

[18] M.フリードマン, A.シュウォーツ『大収縮 1929-1933』（久保恵美子訳、日経BP社、2009

では,株価の暴落と生産減少の程度はほとんど無関係とされているのだが,景気変動論の立場からは理解しがたい。方向性も合致しており,明らかに信用縮小と生産の関係が見て取れるのではないか。

結果的には,1929〜33年3月までの期間に9,500行の銀行が破綻した[19]。それから,当時の米国は前述した「金本位制」のもとにあった。浜矩子はその著『グローバル恐慌』で,当時の米国が金本位制の制約下にあったため,当局にはなすすべがなかったと述べている[20]。1931年9月には英国が金本位制を離脱して,ポンド売りを加速させた。自国通貨安で輸出競争力を高めるのが目的であった。英国はポンドを売って金を買っていたので,米国から金が流出した。金本位性では,金の国内保有量が減少すれば,それに見合うだけの通貨供給量を減少させなければならない。しかし,それならば通貨供給量を増やせばよいというフリードマンらの見解は,「無いものねだり」にすぎないと言えるのだろうか。

一方,P. テミンは,フリードマンらに異議を唱える。実質で見た通貨供給量は増えていたというのである。実体経済の急激な悪化の要因を通貨量に求めることは無理であり,やはり支出面の急収縮が要因だとしている[21]。マネタリストはいずれにしても通貨供給量と物価の関係をストレートにとらえるのであるが,政策的に手が縛られていたり,実質的な通貨量が増加しているのでは,マネタリストの分は良くないのではないだろうか。

年) p.51-55。
[19] ただし,小規模な銀行がきわめて多かったことも事実である。
[20] 浜矩子『グローバル恐慌』(岩波新書,2009年) p.131。
[21] P. テミン『大恐慌の教訓』(猪木武徳・山本貴之・鳩澤歩訳,東洋経済新報社,1994年) p.69-70, 181-183。

2 ▶ 昭和恐慌

　日本で恐慌というものが発生した最初の例は，1890年だという説がある。その後，1920年に戦後恐慌，23年に震災恐慌，27年に金融恐慌と続いて，30～31年にかけて昭和恐慌が起こる。あたかも，資本主義成立期の英国を髣髴とさせる。このうち特によく知られているのが昭和恐慌である。

　1929年の大崩壊に至るまでの米国経済の繁栄ぶりを見ていた日本政府は，金輸出を解禁しようとする。つまり，第一次世界大戦後の金本位制再建の流れで金本位制への復帰を計り，1930年1月11日より金輸出解禁に踏み切ることを決定したのである。ところが，タイミングは最悪であった。1929年秋の大崩壊以後，米国をはじめ世界各国が深刻な不況に見舞われ始める，まさにそのとき金輸出を解禁したのである。しかも，輸出に有利となる円安気味の平価ではなく，円高の旧平価で解禁した。輸出は減少し，金の流出で通貨量が減少した。これが信用の制約を招いて，金利が上昇し，超緊縮的な財政政策と相まって物価は下落した。

　政府がこのような政策を行った意図として，高コストで効率の悪い企業を淘汰するために，あえてデフレを招くような政策を採ったということである。しかも，外国の物価も下落し続けているような状況下で輸出価格の競争力を回復するためには，厳しいデフレでなければ効果がなかったとされる。デフレによって円高気味の平価のもとで輸出価格を有利にするためには，極めて大きな物価下落を要することは想像に難くない。長幸男は『昭和恐慌』の中で，金輸出再禁止の前で，為替相場がほぼ平価であった1913年を100とした場合の日米の卸売物価指数の1929年12月までの上昇率を比較している。それによると，上昇率には40％程度の差があった[22]。日

---

[22] 長幸男『昭和恐慌』（岩波現代文庫，2001年）p.116。

本のほうが上昇率が高かったのであるが，輸出競争力を回復するためには，40％程度の物価下落が必要になる。加えるに，円高気味の平価に返ったのであるから，その分はさらに国内物価が下がらなければならないということになる。非常に意図的なデフレ招来政策であるといえよう。

　当時の統計資料から，1926〜31年の年平均で主要なデータを見てみると，インフレ率（消費者物価指数騰落率）は－5.6％，実質経済成長率は2.1％，民営工場労働人員は88.8（1926年を100とした場合）である。少し長い期間で見ると，1920〜31年の間のインフレ率は累積で－36％，1921〜31年の年平均実質経済成長率は1.8％。その前の1910〜20年の年平均実質経済成長率は3.5％，恐慌後の1931〜40年では4.6％に上昇している。

　昭和恐慌時の経済成長率は，1930年の名目が－9.7％，実質が1.1％，1931年の名目が－9.5％，実質が0.4％であった。実質経済成長率は今日のそれに近いし，マイナス成長ではなかったことに注目しよう。

　表2-1は，1927〜33年の経済指標を指数で表したものである。例えば，29〜31年の国民所得は23％減少しているが，これを東京小売物価指数で割ったものを実質国民所得とすると（やや無理があるが），実質では2％程度増加していたことになる。卸売物価指数で割ると，7％程度の増加となる。後出の消費者物価指数を用いると4％程度のマイナスとなるので，卸売物価指数で除した場合との加重平均が真に近いとすると，わずかなプラスであったと推測できよう。いずれにしても，急激な物価下落で実質値はプラスとなっていたことになる。これを民営工場実収賃金指数でみると，名目では12.7％減少しているが，東京小売物価指数で割ったものを実質値とすると12％以上増加していたことになる。消費者物価指数なら6％超のプラスであったことになる。

　景気変動論の視点から特に重視されるべき指標としては，鉱工業生産あ

るいは製造業生産の動向がある。激甚な減少が見られてしかるべきと考えられるが，これは予想に反して減少が小さかった。経済産業省の長期統計から鉱工業生産の動向を示したものが**表**2-2 である。

表 2-1 昭和恐慌前後の経済指標

年	1927	1928	1929	1930	1931	1932	1933
国民所得	97	100	104	84	80	86	97
卸売物価指数	94	95	92	76	64	71	82
東京小売物価指数	94	92	91	77	68	68	73
民営工場労働人員指数	94.8	90.4	91.1	82.2	74.4	74.7	81.9
東京株価指数	110	90	81	55	41	56	80
民営工場実収賃金指数	102.1	105.3	103.9	98.7	90.7	88.1	89.2

（出所）長幸男『昭和恐慌』p.114-115 の表を編集。

表 2-2 鉱工業生産の動向

年	1927	1928	1929	1930	1931	1932	1933
鉱工業生産指数	n.a.	n.a.	n.a.	2.8	2.5	2.6	3.2
鉄鋼	1.4	1.6	1.8	1.7	1.5	1.8	2.5
非鉄金属	2.0	2.1	2.2	2.2	2.1	2.3	2.7
化学	0.6	0.6	0.8	0.9	0.9	1.1	1.3
石油・石炭製品	0.8	0.8	0.9	1.0	1.0	1.1	1.3
パルプ・紙・紙加工品	2.2	2.5	2.6	2.3	2.2	2.2	2.5
繊維	33.8	32.4	33.8	39.0	41.3	44.8	51.2
鉱業	95.5	99.2	101.1	99.2	94.1	95.9	109.8

（出所）経済産業省「鉱工業指数」より作成。

以上の観察結果を少し補足してみよう。R.J.スメサーストは，その著『高橋是清』において，昭和恐慌期の統計データを整理している[23]。それ

---

[23] R.J.スメサースト『高橋是清』（鎮目雅人・早川大介・大貫摩里訳，東洋経済新報社，2010 年）p.313-314。

によれば1929～31年の期間の各指標は次のようであった。

- 名目国民総支出：－18.3％（実質国民総支出はわずかながら増加）
- 消費者物価指数：－19.3％
- 農産物価格：－39.3％
- 失業者数（信頼できる公表統計が存在しないため推計値となるが）：120万人（佐藤和夫・尾高煌之助），250万人（中村政則），300万人（隅谷三喜男）
- 上記推計値を基に推計された失業率：8～20％
- 民間工場で働く労働者数の減少率：－16％
- 工業部門労働者の名目賃金減少率：－10.2％
- 実質賃金上昇率：＋10％
- 日雇労働者の賃金減少率：名目－27.5％，実質－8.4％
- 農業労働者の名目賃金減少率：－37.5％，実質－21.4％

　生糸・綿織物の輸出が落ち込んで（金額で－50％），市場志向型の農業をしていた地域は壊滅的な打撃を受けた。穀物・野菜は価格が低下しても自家消費できる部分があるが，桑の葉，蚕，繭などは食べるわけにいかない。

　これらの数値から何が言えるだろうか。

　第1に，農業への打撃が特に大きかったことである。これが第二次世界大戦へとつながっていくという指摘はよく知られている。

　第2に，失業率はやはりずば抜けて高かったということである。

　第3に，物価の下落率が極めて大きく，そのため，実質で見た賃金等はプラスであったり，マイナス幅が縮小したりしていることである。景気に

とっては，下支え的な効果があったかもしれない。

　第4に，鉱工業部門への打撃が比較的小さかったのも特徴ではないか。そのため，諸外国に比して恐慌からの回復は早かった。

　第5に，政策恐慌ともいえる恐慌であったという印象が強い。恐慌に付きものの金融危機的な状況も深刻ではなかったようである。全国銀行貸出残高や同預金残高の数値もごく緩やかに減少したか，横ばいと言える範囲内の動きであった。

　この点に関して，現在にも通じる議論がありうる。前項でも触れたが，通貨供給量をめぐる議論である。岩田規久男は，その著『デフレの経済学』で，1926〜31年の間，通貨供給量が年平均2.6%で減少し，その減少速度は1920年代前半の6倍に達したとしている[24]。つまり，マネーの供給が少なすぎたことが厳しいデフレにつながったというのである。すぐに気付くのは，その減少率と物価下落率の間の平仄が取れていないことである。物価のほうが明らかに下がりすぎている。テミンが言うように，通貨供給量の実質化をしてみればどうであろうか。1926〜31年の年平均でインフレ率は−5.6%であるから，それで除して実質の通貨供給量を計算してみると，その間，平均3%程度の増加ということになる。

　マクロ経済学を学んだ読者は，貨幣市場の均衡を表現するLM曲線を知っていると思う。あの左辺のMは実質値であった。短期的には物価水準を不変とすることは認められる場合もあるが，急速なデフレ時では一定とすることは無理である。やはり実質で見なければならないだろう。すると，量的な金融緩和が足らなかったとは言えなくなるのである。こういう現象は，現代の日本銀行の主張，すなわち2015年5月の時点で2年間に及ぶ超

---

[24] 岩田規久男『デフレの経済学』（東洋経済新報社，2001年）p.144。

緩和を行ってきているにもかかわらず，原油価格低下のために物価がなかなか上がらないという主張に説得力が感じられないこととも相通じているのではないだろうか。現代はむしろ，マネーの「独り歩き」のほうが恐怖感を与える時代なのである。

3▶ 2008年秋からの世界金融恐慌

「世界金融恐慌」とは，私が便宜的に使っている用語であって，一般には Great Recession という用語をよく見かける。大恐慌とは訳せないが，大いなる景気後退ということなのであろう。われわれはここで，恐慌が景気後退の激甚なものであるという定義を想起すべきである。つまり Great Recession は，恐慌という意味にとられても仕方のない用語である。ただし，それを引き起こした要因は，伝統的な信用危機とは様相を異にしている。そして将来に大きな不安を抱えさせたまま，世界経済が動いているというのが実相ではないだろうか。

この恐慌の遠因は，2001～06年頃まで続いた米国の住宅バブルであり，その推進力がサブプライム・ローン（subprime loan：信用度の低い顧客向けの高金利融資）と称する審査基準の甘い住宅ローンであった。資産価格（ここでは住宅価格）が上がり続けるはずだという前提でふんだんにローンが供された。そして，単なるローンの貸し手と借り手の関係で終わらなかったことが，歴史上初めてのケースとなった所以でもある。

これは金融派生商品が世界的な金融危機を招いた初のケースとなった。信用度の低い顧客への融資は，本来は債務不履行のリスクが高いわけだが，それを別のローンと組み合わせる（再証券化する）ことで新たな金融商品として世界中の投資家や金融機関に売り出した。結果的にリスクの程度が不明確なまま購入する金融機関等も多かった。服部茂幸はその著『新自由

主義の帰結』で，負担能力があるところではなく，判断能力がないところに債務が集中してしまったとして，ミクロ経済学でいう「逆選択」が生じたと述べている[†25]。住宅バブルが進行するにつれ，証券化された債権を発行した金融機関がデフォルト（破綻）に陥る危険を担保するための金融派生商品（CDS）も出てきた。それを買ってもらえば，当該金融機関はまさかのときのための準備金を積んでおく必要がなくなり，さらに貸し出せることになる。

こうして世界中にリスクがばら撒かれたのであるが，2007年夏頃にはおおもとの住宅バブルが崩壊してサブプライム・ローンが不良債権と化した。それがショックの引き金であり，連鎖的に世界の金融機関を信用不安に陥れた。実際に翌08年9月には大手投資銀行が破綻し（リーマン・ショック），対デフォルト証券を大量に引き受けていた世界最大の保険会社も破綻しそうになった（ただし事実上の国有化で助けられた）。

このように，古典的な恐慌同様に信用の危機が発生しているのだが，実物面への波及はどうだったか。震源地である米国の動きから見てみよう。

鉱工業生産指数は，2009年の前年比が－11.3％となったが，これは日本の－22％に比べればかなり低い。しかし，失業率は2007～10年まで，4.62％，5.80％，9.28％，9.61％となっており，特に2008～09年のジャンプ（5.80％→9.28％）は極めて大きい。雇用者数も鉱工業生産指数も，単月ベースでは34年ぶりの落ち込みを記録した。

確かに，かつてのような銀行の倒産は結果的には目立つものではなかったが，それは総額70兆円に及ぶ金融安定化策で不良債権買取や資本注入などの資金枠が造られたことによる鎮静化効果の為すところであった。つま

[†25] 服部茂幸『新自由主義の帰結』（岩波新書，2013年）p.105。

り，延命策の機動性と規模が，かつての金融恐慌とは全然違っていたのである。2008年秋以降の世界金融恐慌からの回復が比較的早かったのは，公的介入の安心感が作用したものと考えられる。ただし，禍根は残った。財政収支の赤字である。

　米国について財政収支の対 GDP 比を見ると，2007年度から2010年度まで，−3.20％，−7.03％，−13.52％，−11.29％となっている。その後，一時的に債務上限に突き当たったことから連邦政府機関が閉鎖されるなど，国家行政に支障が出たことは記憶に新しい。

　翻って，現在の日本はと言えば，財政赤字，国・地方の長期債務残高，国の総債務など，どれをとっても他に類例のない惨状ではある。債務に上限を付して財政規律を課している米国の姿勢に学ぶべき点があるのではないだろうか。金融不安・金融危機は今後も発生するだろう。そのとき，頼りは政府ということになる。しかし，巨額の財政負担で政府が破綻するともなれば，国内で資金不足が生じ，高金利で海外から資金を借りなければならなくなる。それが経済の壊滅につながる可能性は考えておかねばならないであろう。

　世界金融恐慌の実体経済への波及については，各国の実質経済成長率の変動を見ておけば十分である。図 2-4 を見ると，意外なことに米国よりもその他の国のほうが悪化しているようである。中国については，国内に今回の金融派生商品を購入していた金融機関がほぼなかったという見方がある。それもあって，目立った成長率の低下は見られない。あとは，輸出減少を通じた経済成長率の鈍化が問題視されたが，その傾向は確かに出ている。一応，立ち直りが早かったと言えようが，これは前述の通り金融安定化策と財政政策の為すところである。特に中国の対策は投資を中心とした大規模なもので，過剰な債務を残した。

一方，日本について，鉱工業生産指数の動きを見ると，2009年は前述の

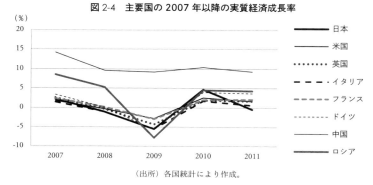

図2-4 主要国の2007年以降の実質経済成長率

（出所）各国統計により作成。

通り－22％という極めて大きな減少となったが，2008年第1四半期から2009年第2四半期までの累積減少率は28.5％となっており，いかにもGreat Recessionと言える。また，ロシアの急激な縮小は，この国が民間部門を中心に巨額の短期金融債務を負っていることから，欧米での金融危機で資金が引き上げられる可能性が高かったことに起因するものであろう。

4▶ 恐慌は過去のエピソードか

景気変動論で問題とするような恐慌は資本主義成立期以降に発生しているわけであるが，いわゆるマクロ経済政策や金融安定化のための規制政策などが整えられてからは，過去の出来事になったと言ってよいのだろうか。

恐慌については，当局ができるだけ早期に対策を実施する必要があることは否定できない。一方，通常の景気後退については議論がありうる。われわれは後でそのことを論じるであろう。

現に2008年にGreat Recessionが発生していることから考えれば，今後とも恐慌は発生しうるものとしなければならないであろう。用語にこだわる

必要もないが，先に述べたようにそもそも Great Recession という語は「激甚な景気後退」を意味している。つまり，それは恐慌なのである。恐慌は今後とも十分起こりうるであろう。

その最大の根拠は，いわゆるグローバル・マネーの独り歩きという現実である。Great Recession を引き起こしたのが金融派生商品であったことから，国際決済銀行（BIS）が公表している店頭デリバティブの対世界 GDP（IFM 推計値）比を計算してみた。リーマン・ショック直前にはこの比率は 11.0 倍となっていた。それに先立つ 2 年間は 7.3 倍，9.1 倍と上がってきていた。リーマン・ショック後は，2009 年：9.0 倍，10 年：8.0 倍，11 年：9.9 倍，12 年：8.8 倍，13 年：9.2 倍，14 年 8.9 倍（各年とも 6 月の数値）と推移している。この数値は今後も注視に値すると考えられる。特に減少しているとは言えない。もちろん，規制はリーマン・ショック以前に比べれば厳しくなったが，これまでも規制の裏をかくという形で金融商品が増殖してきたのも事実である。われわれは，後で世界の政府・企業・家計の総債務残高がいまだ増勢にあることを知るであろう。

また，ファンド等の機関投資家の投機的かつ短期的視点からのマネー戦略が健在である限り，マネーが実物経済を振り回すという構図は続くであろう。新手の金融派生商品も出てくるであろう。マネーの跳梁が実物経済を離れて活発化すれば，今後とも金融恐慌はいつでも発生しうる。つまり，恐慌は不死鳥のようによみがえるのである。前出の服部は，J.M.ケインズが証券による資金調達に慎重であったことを指摘している[26]。ケインズは証券が投機の対象となることを警戒したのである。

---

[26] 服部，前掲書，p.67。

❖重要事項の確認❖

①1．恐慌
　恐慌は景気後退の激甚なものである。これからも発生すると考えるべきである。恐慌の後に起こる現象として，資本主義に対する懐疑論の流行がある。

①2．過少消費説
　労働者階級への所得分配が少なすぎるため，消費が過少になることで恐慌が発生すると考える理論。恐慌専用理論とも言われる。しかし，後発国に追い上げられて，中間層の仕事が減少し，所得が伸びず消費が停滞する場合などは，過少消費説があてはまると言えるのではないか。

①3．過剰投資説
　企業が商機を逸すまいと資本蓄積に走り，生産活動に励むことが，結果として投資の過剰と生産の過剰を招き，債務返済が滞って生産が激減し，雇用への悪影響が広がる。短期的な在庫投資にしても，もう少し長期的な意図から行われる設備投資にしても，利潤動機に動かされる企業が過剰な投資に走ることを止めることは難しい。そして，その反動が大きければ，恐慌になることがある。

問 題

1. 恐慌とは何か。以下の用語を必ず含めて説明しなさい。

   資本主義経済　　景気後退　　信用収縮　　失業者数　　企業倒産

2. 資本主義経済においては，過剰生産が起こりやすいとされる。その理由を説明しなさい。

3. 次の文章は，恐慌による経済への悪影響と物価水準の大幅な下落との関係について述べたものである。

   ① （　　）内に適切な用語を入れて文章を完成させなさい。

   > 恐慌で物価水準が急落することは悪いことだけではない。企業にとっては実質債務高が増加する一方で（　　　　　）が低下する。また，消費者にとっては，物価の下落率が名目所得の減少率を（　　　　　）限りは，（　　　　　）が増加することとなり，実質的な（　　　　　）は増加することもある。

   ② 恐慌が深化し，大不況の底に達した頃，回復に向けて資本主義経済の内部装置が動き出す。「利潤率」「新たな生産技術」という用語を用いて，その一端を説明しなさい。

第3章 景気変動の認識と分析（戦前期の総括）

【本章のねらい】

　景気変動に関する学説は，第二次世界大戦前までにほぼ出そろった。もちろん，J.M.ケインズのマクロ経済学の延長上にマクロ経済の変動を理論化したものも出てきたし，新古典派の供給側重視の経済理論として経済変動を論じる者も登場した。しかし，景気変動論の側から見れば，「正統派」経済学の経済変動論は，事実上顧みられることは少なくなったように見受けられる。ここであえて経済変動論という用語を充てたのは，景気変動論と区別するほうが適当ではないかと考えたからである。

　本章の目的は景気変動の主要学説を解説することにあるが，G.ハーバラーが言うように，それら学説も単一ですべてを物語ることは困難であって，いくつかを組み合わせて実態に迫る必要がある。ただ，私は，多くの先達が言う通り，過剰投資に基づく過剰生産こそが景気変動を起こす震源であると考えている。またその際，投資には設備投資のみならず，在庫投資も含めて考えなければならない。

　資本主義経済システムの特徴は私企業体制であり，私企業が自らの判断で自由に資金を調達し，それを投資することで生産能力を増強しようとする。その前提として，当然自社製品への需要増加が見込まれなければならない。商機を逃さないためには，商品の出荷と在庫の状況を両睨みしながら機敏に生産を調節していかなければならない。そうでなければ容易に過剰生産の状態に陥るであろう。過剰生産の動きが経済に広がっていけば，景気は後退へと向かうであろう。在庫が払底すれば，出荷が最低水準を少しでも上回っていく気配さえ見せるのであれば，生産が回復していき，景気は回復に向かう。

　もちろん，いくつかの学説は十分示唆的であって，無用なものはないのであるが，どこに重点を置くべきかは，すでに過去の経済の歴史が物語っているのではないかと考えられる。

第1節 ❖ 景気は波打つ

1 ▶ ジュグラーの波

　前章の恐慌理論のところで見たように，資本主義経済は基本的には拡大基調にあったものの，ときに恐るべき急降下を見せていた。この急降下は，今日われわれが見るような通常の景気後退に比べて激甚な暴落であった。そして，恐慌を研究していた人々は，資本主義は病気を抱えており，うまく運行しないことが通常であって，恐慌は規則的に襲い来るものと考えた。資本主義の将来に悲観的，あるいは否定的な人たちも出てきた。その代表はK.マルクスである。

　しかし，その恐慌理論華やかなりし頃，統計的な実証研究によって，恐慌は規則的に発生しているのみならず，経済はある種の普遍性をもって上下に動いている，と述べた研究者がいる。フランスの経済学者C.ジュグラーである。彼はその主著『仏・英・米における商業恐慌とその周期的な再発』（1862年）において，各国の物価，利子率，銀行貸出などの長期データを収集し，その動きを観測して，そこに平均10年前後の循環性があることを示唆した。その周期は短いもので3〜4年，長いもので20年前後であった。頻度としては，10年前後のものが多かった。

　この周期は後に，J.シュンペーターによって「ジュグラー循環」と名付けられた。また,米国の経済学者A.ハンセンによる呼称「主循環（major cycle）」で呼ばれることもある。

　恐慌理論全盛の時代に，ジュグラーは恐慌を好況から不況への転換期であり，経済は好況から恐慌，停滞へと循環運動を必然的に繰り返すものと見た。ジュグラーは，好況が本来の正常な状態であり，ときに恐慌に陥る

ことがあっても，いずれ必然的に回復すると考えたのである。ここには，いわゆる正統派経済学の均衡論の影響があると見られる。

　ジュグラーが考えた変動の経過をやや詳しく見てみよう。ただし，彼の本旨はあくまでも「恐慌の原因は非常なる好況である」ことを強調することにあったと思われる。そのため，上下への変動がサイクルをなしていることにこだわった記述はしなかったとされている。彼の変動過程の説明の特徴は，信用の働きを重視している点と，資本蓄積に注目した点にある。

企業の設備投資が好況への原動力となることを強調していることから，後に設備投資循環と解釈されたものであろう。ただ，ジュグラーはこの過程を表面的な可能性として記述したのである。確かに循環論の芽吹きは感得できるものの，ジュグラー自身がその変動要因としての企業設備投資と企業の中期的な需要・収益の予想とを結び付けた議論を精緻に展開しているわけではない。あくまで表面的な印象論なのである。しかし，好況で始まり，好況に向かうところで終わるジュグラーの変動論には，循環論的な色彩がかなり見て取れる。

　データの検討を経て景気変動を循環として捉えようとしたジュグラーの功績は，その先駆性だけでも不朽であると言えよう。前述した通り，後にこれはシュンペーターによって「ジュグラー循環」と命名される。また，平均10年前後の周期を持つこの波は，企業の設備投資を主因として発生するものと性格付けられたのである。

　この波の変動要因は，設備投資の動機のうち，更新投資であるとする説がある。更新期間が平均すれば10年になることから，更新の山あるいは谷から次の山あるいは谷までが大体10年になるというものである。

　設備投資の波が中期循環とされる所以は，企業の投資に関する意思決定が短期的な需要予測に基づくものではなく，やや長い期間にわたる需要の見通しに基づくものと考えられることによる。実際，企業の設備投資は足元の売上や収益によってのみ行われるものではない。むしろ，それらの将来予想に依存している。これは設備投資の意思決定が中期的な期間を視野に入れたものであることを意味しているのである。

　ジュグラーの波は，短期的な景気循環，すなわち「今月の景気はどうか」というような場合の「景気」とは，意味するところが異なると言えよう。これは設備投資が供給能力に関する指標であることからも分かることであ

る。もとより設備投資には供給能力あるいは生産能力の増強という面と，資本財・建設財の需要という面がある。特に，供給能力は将来の生産につながり，将来の消費につながる。その動きを数年から10年の周期で観察することの意味はどこにあるのであろうか。比較的近いのは，マクロ経済学でいうインフレ・ギャップとデフレ・ギャップの概念であろう。設備投資だけで経済全体を表すことは無理だが，供給能力を担っていることから考えれば，この波が上昇しているときはデフレ・ギャップが縮小しているか，インフレ・ギャップが拡大しているか（あるいはその逆）であると考えることはできる。

われわれは，この波が確かに存在していることを確認することができる。図3-1には，名目GDPで基準化した設備投資の変動が示されている。これを見ると，概ね数年以上の中期的な周期が見出せるのである。GDP比を取ったのは，設備投資自体がマクロ経済の変数であり，生産活動の結果を受けて調整されていくべきもの，つまりは短期的な景気変動の成果としての性格を持つと考えられることによる。

図3-1 設備投資の対GDP比の推移

(出所) 内閣府「国民経済計算」より作成。

2 ▶ キチンの波

われわれは次に，今日の景気観測に重要な関係を有する景気の波について考えることにしよう。

今日，景気変動として認識されているのは，ジュグラーの波のようなかなり中期的な波ではなく，より短期的な循環を呈する波である。なぜ，短期的な波のほうがいわば主流となったのか。後に詳細に検討するが，ここでは非常な好況が一転，恐慌となり不況に転じていくという過程を念頭に置けば理解はできよう。その過程で起こっていることは，過剰生産，過剰雇用，生産不足，雇用不足である。その背景に，そのときの販売状況がある。こうした状況が10年間にわたってピークからボトム，ボトムからピークへと動いていくというようなモデルは，実態に即しないと言うほかはないであろう。つまり，現実の景気変動は，より短期的な動きでしか捉えられない現象なのである。

それでは，このような生産・雇用の循環を捉えた景気の波とは何であるか。それが米国の経済学者J.キチンの1923年の発見になる「キチンの波」である。別名「在庫循環」とも呼ばれる。ジュグラーの波はA.ハンセンによって「主循環」と呼ばれたが，キチンの波のほうが実務的な景気観測のうえでは重要となっている。

キチンの波が在庫循環と呼ばれる理由は極めて重要である。正確には，企業の行動が売上の動向を睨みつつ，生産水準を調節していくことから，自然に在庫投資の重要性が浮かび上がったものである。ここで売上を反映するのは出荷である。企業は，出荷が増加してくれば，商機を逃さないように在庫を補充する。それで生産が増える。一方，出荷が減少してくれば在庫補充はしなくなる。また，生産水準も調整することになる。

この単純な行動パターンから，すでに在庫の役割が見えてくる。在庫の

動きにその企業の生産意欲がうかがえるのである。これが短期的な景気変動を引き起こす。少し詳しく全過程を追ってみよう。

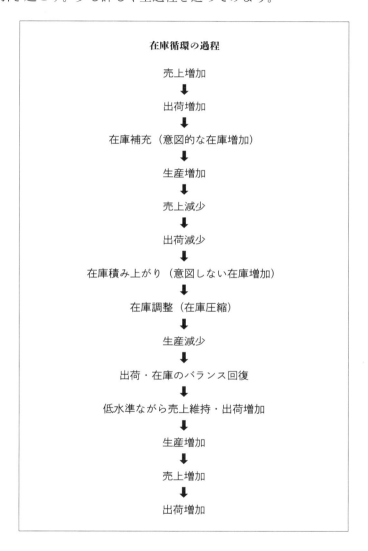

一般的にはこのような過程をたどるものと推測される。
　この過程で，在庫変動の解釈は重要なポイントであり，同じ増加でもその意味はまったく違っている。「在庫補充」は，同じ増加でも積極的に（意図的に）積み増すという意味であり，「在庫積み上がり」は自然に積み上がってしまうという意味である。前者が売上増加に対応して商機を逸しないように迅速な出荷に備えるための在庫増加であるのに対して，後者は期待に反して売れ行きが怪しくなり，いつの間にか出荷の勢いが減速して，在庫がはけなくなってきた状態である。
　こうした在庫の増加に対応して，生産量が調節される。「補充」の増加局面では生産は増加するが，「積み上がり」の増加局面ではやがて生産量が抑制されていく。後者の増加局面を過ぎると出荷は減少に転じる。出荷への対応を在庫で行うことになり，生産量は抑制される。この局面で観察されるのが，在庫調整である。在庫調整は積み上がった在庫を圧縮することである。在庫を管理するための倉庫料などの費用がかかるし，売れる見込みの薄い在庫を抱えることはリスクを負うに等しい。
　出荷と在庫の状況を睨みながら生産量を調節していくことで，景気が変動する。したがって，出荷と在庫の関係は景気変動の予兆とも言える。例えば，在庫÷出荷という形のデータを考えると，その数値が上がるときは生産量が抑制され，下がるときは生産量が増加すると考えてもいいだろう。われわれは，この形のデータを在庫率という指標に見出せるのであって，景気の現状に先行する指標として実際に用いられていることを知っている。もちろん，この場合の景気の現状は生産動向ということになる。
　出荷と在庫の関係は興味深い示唆を与えてくれる。その代表が「在庫循環図」と「生産モメンタム」であろう。「在庫循環図」は出荷と在庫の増減率を散布図に表したものであり，「生産モメンタム」は出荷の増減率から在

庫の増減率を引いたもの（逆でも可）である。

　図 3-2 は，在庫循環図の一例である。元データは鉱工業指数より取っている。第 1 象限から後退期に入り，在庫が積み上がる。第 2 象限で在庫調整が始まり，生産抑制となる。第 3 象限では出荷の底入れを在庫により対応しながら本格的な回復を待っている。第 4 象限は出荷の回復により積極的な在庫積み増しが見られ，生産も回復していく。

　図 3-3 は，生産モメンタムを図示した例である。生産モメンタムがプラスに大きくなれば，生産増加への動機が高まる。逆にマイナスに大きくなれば，生産は抑制されるだろう。

図 3-2　在庫循環図

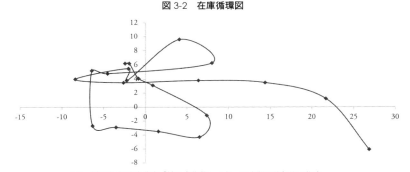

（%）（出所）経済産業省「鉱工業指数」より，四半期の前年比で作成。

図 3-3　生産モメンタム

（出所）経済産業省「鉱工業指数」より，出荷と在庫の前年比の差で作成。

このように，生産活動の動向に重要な示唆を与える在庫の変動は，短期的な景気変動を表す代表的な景気の波と言えるのである。

なお，生産モメンタムという考え方に近い経済指標として，前述の「在庫率指数」がある。これは，在庫指数を出荷指数で除したものであり，上昇するときは在庫が売上に比べて増加しているときなので，先行き生産の減少を示唆する。低下すれば，在庫が売上に比べて減ってきている局面ということで，先行き生産の増加を意味する。通常は数値の増加・上昇が景気の上向き，減少・低下が景気の下向きを意味することが多いのだが，この指標は逆のことを示唆するため，「逆サイクル」と言う。

このように在庫循環は，現代の景気変動において極めて重要な位置を占めており，われわれは後でも繰り返してこれを考察するであろう。

3 ▶ クズネッツの波

米国の経済学者S.クズネッツは，1930年に発表した著書『生産と価格の趨勢』の中で，港湾，運河，鉄道，高速道路などの大規模な建設工事がほぼ20年周期で行われていたことが原因で起こる波を発見した。これには建物の耐用年数がおおよそ20年余りであることが関係しているという見解がある。

クズネッツは同書において，米・英・独・仏，ベルギー等を対象に，農産物（小麦・綿），生産財（銑鉄・セメント）など60品目の生産量と35品目の価格について分析した結果として，この長期波を見つけ出した。

ジュグラーの波は，いずれにしてもかなり先までを予想しながらの投資とその成果の食い違いによって波動が生じるのであるが，クズネッツの波では，民間企業の活動基盤，つまりインフラというべき分野への投資が起爆剤となる。もちろん工場建設などは，企業にとっての需給の見通しを踏

まえて行われるはずであるが，中期的というよりは長期的な視点が求められる。しかし，あまりにも膨大な費用がかかるインフラへの投資など，社会の共用部分ともいうべき分野への投資は，政府に要請することになろう。

なお，クズネッツの波は，鉄道・運河・高速道路などの大規模な建設工事がほぼ20年周期で行われていたことが主因と考えられた。後出のコンドラチェフの波の一つの循環の中に，クズネッツ循環がほぼ二つ入っていた。また，この二つの長期波が同時に下降しているときは，大不況になるとされていた。

われわれはこの長期波にデータを使って接近してみよう（図3-4）。

ジュグラーの波同様，GDPで基準化してあるのは，建設投資がマクロの経済変数であり，政府部門も含まれざるをえないことから，その経済規模に占める割合が重要となるからである。周期20年という長期波が存在しているという確かな結果が得られたとは言えないものの，長期の波動の存在は示唆されているのではないだろうか。

この長期波は，長期的な経済のうねりの確認に用いるのが相当であろう。もちろん，J.シュンペーターがやったように，例えばジュグラーの波やコンドラチェフの波と重ねて，現在の景気の評価に用いることもできるかもしれない。

図3-4　建設投資比率

（出所）国土交通省資料より作成。政府部門を含む。2014年度の見通しは48兆4,700億円。

4▶ コンドラチェフの波

これは，ロシアの経済学者 N.コンドラチェフが見つけた波である。周期の長さは平均 50 年という超長期波である。彼が 1922～28 年の間に発表した論文で明らかにされた。米・英・独・仏の物価，利子率，賃金その他計 25 系列のデータを収集して分析し，過去 250 年間に超長期の波が 2 個半，存在するとしたものである。

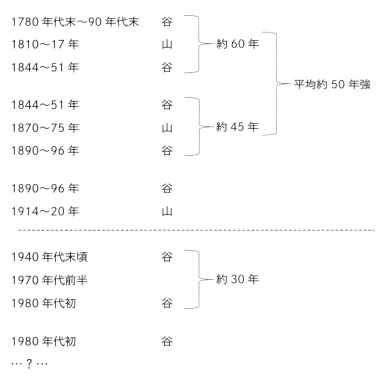

(注) 1940 年代以降はコンドラチェフの推計ではなく，一つの可能性にすぎない。

この波の変動要因は何か。コンドラチェフ自身は，「長期波動は資本主義の本質に固有のものである原因から生じる」とのみ言い残した。後の研究結果からは，技術革新説が有力である。コンドラチェフはこれに関して，「技術的発明のような要因は，これが利用されるにふさわしい経済条件が欠如しているなら，何らの効果も発揮されない」と言っている。おそらく，研究としては画期的でも，それが製品化され企業収益の増加に貢献しなければ，長期波を動かすことにはならないということであろう。J.シュンペーターも同義のことを言っている。シュンペーターが重要視したのは，狭義の技術革新ではなく，新市場獲得に向けた企業家の売り込み，組織再編などをも含む「新結合」あるいは「革新」であった。

　現時点で興味深いのは，情報技術上の革新が長期波の原動力となっているかどうかであろう。ITバブルとされた2000年代初頭までの動向にその後の動向を重ねて考えても，それはいまだ進化しつつあるように思える。ただ，かつて「新経済」と呼ばれ，生産性効果が経済成長を押し上げると言われたこともあるが，それにしては世界の経済成長率が飛躍的に高まったということはない。いわゆる新興国と呼ばれる諸国の比較的高い経済成長の最大の要因がITであるという見解はあるのだろうか。

　以上が主な景気の波，景気循環である。
　われわれは，景気というものが良くなったり悪くなったりしながら変動していることを忘れないようにしたい（図 3-5）。次の課題は，いかなる要因が働くことで，景気が良くなったり悪くなったりするのかを探求することである。

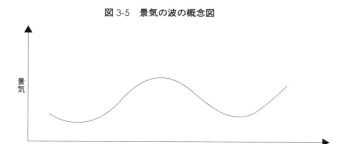

図 3-5　景気の波の概念図

第 2 節 ❖ 景気変動の要因

　この節では，景気変動を起こす要因に接近していく。

　かつての恐慌論は，景気変動の極端な現象としての恐慌を扱った。資本主義も 1900 年代をまたぐ頃になると一層の生産力増加を謳歌したのであって，その頃には恐慌は確かに病理ではあるが，それに先立つ好況に原因がありそうだとする学説も登場していた。やがて恐慌を景気変動の一つの過程として取り扱うのが妥当という見解に傾いていったのである。

　原因を探すためのよすがとして，企業の意思決定と行動が鍵を握るとされたのは当然のことであった。もともと景気変動は，資本主義経済における私企業の活動と密接に関連している。したがって，私企業の行動の原動力である利潤獲得に関係していることは間違いない。われわれはまず，主に G.ハーバラーの整理にしたがって諸学説を検討してみよう [†1]。

[†1]　本節の参考文献は，G.ハーバラー『景気変動論』上巻（松本他訳，東洋経済新報社，1966 年）と前出の高田保馬『景気変動論』である。特に，ハーバラーの『景気変動論』の説明に負うところは極めて大である。

ただ，これまでの検討から，企業の過剰生産が景気後退をもたらし，過少生産がやがて景気回復につながるということは把握できている。

1 ▶ 景気変動要因の多様性

景気を動かす要因がただ一つであると考える人はあるまい。複数存在しているというのが実態的にも正しいのである。好況と不況を生み出す要因は，それぞれ複数存在していて，時に応じて異なる組み合わせを見せる。また，各要因の重要性も異なっていよう。そこで論者によってどこに力点を置くかが，腕の見せ所ともなるのである。

ハーバラーは，景気変動（景気循環）が現れるための条件について，例えば農作物の収穫の変動，発明，派生需要の加速化，需要の変動，楽観と悲観の波に焦点を絞る学者の場合でさえも，それが循環を生み出すのは，ある種の経済制度的な環境においてのみであることを認めざるをえないと言っている。その経済制度的な環境とは，交換経済のある一定の構造，賃金と契約との一定の硬直性，投資家の一定の態度，企業家の間における一定量の知識と予見の存否，一定の貨幣組織（中央銀行等）を指している。賃金と契約が完全に伸縮的となるとか，企業家の行動様式が想定と異なったものとなるとか[†2]，その予見が完全なものになるとか，貨幣組織の目標がいかなる景気循環に対しても完全にそれを打ち消す手段を講じるといった場合には，景気循環は現れないこととなる。

この指摘の中にすでに，景気変動の要因はちりばめられていると言えよう。例えば，企業家の行動様式は利潤の追求を旨とするものであり，それ

[†2] 企業家の行動原理は利潤極大化にあるが，ここではそうではない場合のことを言っている。例えば，常に一定の売上を目指すだけで利潤にこだわらない企業家，ということなのかもしれない。

を達成するための需要予測に関する予見が不完全なものであるからこそ，景気は動くということなのであろう。

　また，労働の対価である賃金が企業の業績によって伸縮的に動けば，需要予測も正確さを増すであろうが，そもそも需要は当該企業のみで推し量れるものではない。各企業の売上見込みには，必然的に齟齬が発生するのである。マクロ経済学では一言に賃金と言うけれど，もともと企業によって賃金の動きは異なるものである。結果としての集計値は，文字通り結果なのであって，それが事前に各企業の経営者に分かるというものではない。したがって需要予測は，本来間違いやすいものなのである。ましてや海外の需要ともなれば，当地の景気動向や為替レートも関連してくるので，なおさら予測は難しくなる。

　景気変動の要因そのものに関しては，戦前までに出尽くしていると言われるのはその通りであろう。いくつかの要因は指摘できるけれども，結局はどこに重点を置いているかの違いに帰着するということである。また，同じ論者が常に同じ要因で説明しているというのでもない。それは当然そうならざるをえないとも言えよう。景気変動は，その局面を動かす要因が常に同じということはないからである。さらには，ある論者がある要因を特に強調する場合でも，その他の要因を完全に無視しているとも言い切れない。無視しているのかもしれないが，その他の要因は変化しないものと仮定しているのかもしれないのである。主張されている要因が正しいかどうかについて論争が生じることもあるが，反証が明らかにならなければ，間違いであるとは言えない。これは今日の「景気論議」を見ていれば，容易に感得できるところであろう。

　景気変動要因には，貨幣の働きを重視するものとそうでないものとがある。貨幣重視論者は当局が適切な貨幣供給に失敗することを責めるのに対

して，貨幣をさほど重視しない論者は当局の適切な貨幣供給は当然のことと見なす。ただ，後者にしても，貨幣の重要性を全く認めないというのではない。それをいったん措くとどうであるかを論じているのである。

　変動要因を統御可能な要因と統御不可能な要因に分ける方法は是認しやすい。例えば天候が統御不可能な要因であることは容易に理解できよう。経済に関する制度は，基本的には統御可能とするべきだろうが，国により時代によっては統御できないかもしれない。例えば，外国為替市場とか株式市場のような資産市場は，基本的には誰かが統御することをタブー視するのが通常であろう。

　ある経済の体系内に起因する要因（内的要因）と，体系外に起因する要因（外的要因）に分けることも可能である。外的要因の例としては，戦争，発明，天候の変化による収穫変動，嗜好の変化に基づく需要の独立的変動などがある。一方，内的要因の例としては，需要条件の変化に基づく生産の変化，製品価格の変化，生産費の変化，消費財需要の変化による投資財需要の変化などが好例であろう。区分の仕方としては確定的ではないが，外的攪乱を仮定して景気変動を論じるのが外生的理論で，経済的に説明可能な動きに焦点を絞るのが内生的理論という場合もある。ただし，これは本来同時に使用されることも珍しくはない。一つの景気変動にとって，何が与件なのかというのは，やはり場合によるとしか言いようがない。外生的な力と内生的な力とは錯雑なものと言うべきであろう。

2▶ 純粋貨幣要因説

　ここから個々の学説の解説に入ろう。景気変動の要因は錯雑なものという前提で，代表的な理論を概括的に見ていくこととする。

　まず，典型的な貨幣要因説の論者は，米国の経済学者 I.フィッシャーで

ある。貨幣供給量と貨幣の流通速度の積が循環変動することに注目するのが，彼の純粋貨幣要因説である。フィッシャーはこの説で，貨幣供給量（M）と貨幣の流通速度（V）の積が，物価水準（P）と取引量（T）の積に等しいとした（貨幣交換方程式 MV＝PT）[†3]。貨幣量が増加すると，流通速度と取引量はそのままで物価が上昇する。物価が上昇すれば，本来は市場利子率も上昇するはずであるが，調整メカニズムがすぐに機能しないことから，企業者は特殊な利益を得ることができる。市場利子率が上昇しないうちに低めの貸付利子率が適用されるので，利益を得られることから，企業者は事業拡張のインセンティブが湧く。貸付は増加し，取引量の増加につながる。

ここにおいて，物価水準と取引量の積はさらに増加するので，流通速度を一定とするなら，貨幣供給量は増加していなければならない。ところで，われわれが M と一言で使っている貨幣供給量は，フィッシャーにおいては貨幣量と銀行預金量の合計を意味している[†4]。フィッシャーは貨幣量に対する銀行預金量の比率を一定としているから，貨幣量が増加していれば自然に銀行預金量も増加する。したがって貨幣供給量もさらに増加する。それで物価はさらに上昇することになる。

こうしたプロセスを経て景気が拡張し好況になったとしても，その過程で銀行の準備高が減少し，市場利子率が上昇すると，特殊な利益もなくなり，事業拡張のインセンティブは削がれ，貸付が減少する。貸付が減少す

[†3] MV の値が循環変動するということは，右辺の PT も循環変動するということである。そのとき右辺のどちらの変数が動くと考えるかによって，新古典派とケインズ派が分かれる。MV＝PT において，T の代わりに実質国民所得 Y，V の代わりに国民所得流通速度（v）を用いると，ケインズ派は P を不変，新古典派は Y を不変として考える。

[†4] つまり貨幣交換方程式の左辺は，より詳細に言えば MV＋M'V' である。ここで M＝貨幣量，M'＝銀行預金量，V＝貨幣の流通速度，V'＝銀行預金の流通速度である。

るため，取引量が減少し，貨幣供給量も減少する。銀行預金量も減少する。したがって貨幣供給量はさらに減少し，物価が下落する。すなわち，景気が逆方向に動くのである。

　この学説のもう一人の代表的な論者は，英国の経済学者R.G.ホートレーである[†5]。まず，景気変動に関する基本的な注意点としてホートレーが指摘しているのは，生産活動の変動と価格水準の変動である。彼は両者を混同してはならないとしている。生産は明らかに生産活動の結果を示すが，生産活動には雇用量に関する情報が含まれている。つまりホートレーは就業状態を重視していると言える。後にハーバラーが，景気変動を見る際の基準として雇用・生産基準を提示したことに似ている。

　ホートレーは，貨幣の流れの変化が経済活動の変化，すなわち好況と不況の交替の唯一かつ十分な原因であるとした。なお，この「経済活動の変化」という用語は，後にハーバラーが厳密に定義している。看過しやすいが，景気の定義という課題にとっては極めて重大な問題である。

　貨幣表示での商品需要（すなわち貨幣の流れ）が増大するときは取引は活発化し，物価は上昇する。このように供給ではなく需要の動きに注目するのがホートレーの特徴である。商品需要が減少するときは取引は減少し，生産が縮小して物価も下落する。貨幣の流れは所得からの支出によって決まる。なお，この支出は消費財のみならず投資財をも含んだ概念である。地震，戦争，ストライキ，凶作などの非貨幣的要因は，全般的な窮乏化の原因にはなりうるが，景気循環の観点における不況を招くということはない。収穫変動や，ある産業における過大投資が個別産業に部分的な不足を引き起こすことも否定しえないが，非貨幣的な力は，支出，すなわち貨幣

---

†5　R.G.ホートレー『景気と信用』（経済同攻会訳，同文舘，1930年）p.115-146。

の流れの縮小をもたらさない限りは，全般的な不況の原因にはなりえない。

　上の景気変動過程で注目すべきは，企業の需要予想の食い違いから景気

が動くとされる点である。もちろん，貨幣要因論者はその前に貨幣量の変動があると主張しているのではあるが，実態的に考えると貨幣要因はますます景気との関連を希薄にしてきているように思われる。言うまでもなく，ハイパー・インフレを懸念しなければならないような極端な貨幣量の増加とか，禁止的な水準の利子率をもたらすような貨幣量の減少ならば話は別だが，わが国の現状から見る限り，実際に極端な金融緩和策を採ったとしても，為替相場の減価を招くことはあるけれども，結局，実体経済すなわち景気やGDPに見るべき効果があるのか疑問である[†6]。ただ，景気を動かす初動的な要因として，企業の需要予測と需要の実態との乖離を指摘していることは，言うまでもなく妥当であろう。

　ともかくも，支払い手段は銀行信用によるものという理論的前提がある。信用の拡大が続けば，景気も拡大する。そしてさらに注目すべきは，商人の占める地位である。これは上の過程では，販売業者の発注に関係する。

　銀行利子率の1％や2％の引き下げは，普通の事業家にとってはさほど大きなインセンティブにはならないが，これが非常に大きいインセンティブとなる階層が存在する。それが商人である。商人は取り扱う商品の額に比して小さな自己資本しか保有しない。また，利潤率も低い。1～2％の利子

[†6] このことは，極端な金融緩和を続けている日本銀行の政策の効果に関して，成長率を左右するほどの効果を期待することはできないという見解が多いことからも否定はできないであろう。さらには，デフレ対策としても効果は限定的である。新興国からの安価な輸入品で国内物価が低下しているのがデフレの原因だという見解を，経済学の知識のない人の言うことだとしてきたいわゆるリフレ派の見解は，完全に破綻した。原油価格のせいで物価目標が達成できないと言ったからである。彼らは，「輸入品の価格が低下すれば，所得に余裕が発生し，それが他の商品に向かうので一国の物価水準は低下しない。だから一般的な物価を上げるには金融緩和策しかない。つまりやるべきは量的緩和だ」と言っていたのである。本当は物価はどうでもよくて，政策目標は為替レートの減価だったのではないかとの見解も見られた。もちろん，為替レートを政策目標にすることは，認められるものではないし，一国の政策でそれを左右できる範囲と機会は大きく限定されている。

負担は製造業者にとっては大した負担でもないが，商人にとっては致命的ともなりうる。商人は在庫増に備えて借入を増やし，在庫減によって借入を減らす。

　ホートレーの景気理論にとって，商人はまさに戦略的な地位を占めている。利子率が引き下げられれば商人は在庫増に誘われる。そのとき，景気が上昇するならば，生産者への発注が増加し，商人の在庫は増加する。一方で製造業者の在庫は減少し，製造業者は価格の引き上げを模索する。すると商人は一層の借入増加を目指す。価格がなおも上昇すれば利潤が増えるからである。これがまた在庫増に誘う。製造業者も生産増に動くが，生産能力の限界が待っている。また，物価上昇から支出にも限界が見えてくる。ホートレーの生きた時代の英国は金本位制下にあり，輸入が増加すれば金が流出し，貨幣量が抑えられて経済活動も抑制されるというメカニズムが働いていた。つまり，好況期は続かない。下降期には好況期の逆のメカニズムが働くのである。

　この理論は，利子率の変化が固定資本投資に対する直接の影響を通してではなく，運転資本，特に在庫ストック準備への作用を通じて経済体系に影響を及ぼすと主張する点において，他の貨幣理論とは異なるものである。固定資本投資への影響は，需要変動が引き起こしており，利子率変化の効果は在庫投資に顕著に現れると考えるのである。

　この理論の現代的な意義はどこにあるのだろうか。

　最も重要な点は，在庫変動に焦点を当てた理論であるという点だろう。景気は結局，企業の生産計画と実績の乖離に起因するという指摘も極めて重要である。また，投資の利子弾力性の議論にも関連して，利子率変化が設備投資に与える効果を重要視していないところも，日本の実情に照らせば，興味深い考え方ではないか。

3 ▶ 過剰投資説

　この説及びこれに近い説を唱える人の数は多い。印象的には最も理解しやすい説かもしれない。好況に向かっているとき，企業は利潤獲得の好機ということで「稼げるときに稼ごう」というインセンティブが生じる。時としてそれは，行きすぎた投資に導くこともある。その過程で銀行から資金を借りたり，資本市場から資金調達をしたりする。負債が増加するのである。そうした動きが社会全体に広がり，投機を呼ぶこともある。利子率や物価が上昇し，やがては景気の拡大を阻む。需要が減少し，物価が下落する。そして不況へと落ちていく。景気変動の典型パターンはこういうものと理解できよう。

　過剰投資という現象は，確かに景気の特徴を示すものではあるが，投資という意思決定は必ずしも目前の利潤だけを求めて行われるものではない。ジュグラーの景気変動論でも見たように，投資は本来は中期的な要因と理解すべきなのである。以下に整理する学説については，投資にも設備投資と在庫投資があることを前提とするとき，時間的な要素が曖昧になっているのではないかという疑問がある。ホートレーが言うように，在庫投資のインパクトのほうが，短期的な景気変動のパターンに対しては大きく働くと考えられる。また，過剰投資の帰着するところは過剰生産である。過剰生産が前面に出る説であるということが，この説に説得力を添えているとも言えよう。

　まず，この説の一般的な特徴から見てみよう。この説の支持者には次の3つのグループがあるとハーバラーはいう。

　① **ネオ‐ヴィクセル学派**　　銀行制度のもとで作用する貨幣的な力が，低次の生産段階と高次の生産段階との間に不均衡を生み出すとする学派。F.

ハイエク，L.フォン・ミーゼス，W.レプケなどがいる。これは貨幣的景気理論ではないのだろうか。この説は実態面における不均衡を重視しているが，恐慌や不況を流通手段の収縮（貨幣量の多寡）だけで説明し尽くすことはできない。この点でこの派の学説は，本家のK.ヴィクセルやフィッシャーと異なる。ともあれその主旨は次のようである。市場利子率と自然利子率（財市場を均衡させる）の関係において，市場利子率が自然利子率を下回ると投資が盛り上がり，やがて過剰投資の状態となる。同時に過剰生産となる。市場利子率が上昇する。生産水準と比べて投資財・消費財への需要不足が目立つようになる一方，生産財が不足してくる。そして過剰投資が崩壊する。

② **投資機会重視派**　A.シュピートホフ，G.カッセルなど。発明や発見，新市場の開発などのような生産面における要因，すなわち新しい投資機会を与える環境を重視する。貨幣を無視してはいない。貨幣がなければ，投資機会を創出することはできないのだから当然とも言える。

③ **消費財の変動を重視する学派**　A.アフタリオン，C.F.ビッカーダイクなど。消費財の変動が，生産財・資本財（固定資本設備）などにはるかに大きな変動をもたらすことを強調する。生活手段を生産する部門と，生産手段を生産する部門との間に，不比例的な投資が発生することに恐慌の原因を求めたバラノーフスキーの理論にも似ている。

以下，①〜③を順次詳しく見ていこう。　上記①の源流であるヴィクセルの理論は，貨幣的過剰投資説と呼ばれている。流動性の機会費用である利子率を重視するからである。二つの利子率の高低関係で貯蓄と信用需要の関係が変化し，結果的にインフレ率が変化する。この二つの利子率が市場利子率と自然利子率である。自然利子率は理論上の利子率であり，貸付資本に対する需要と貯蓄の供給が等しくなるような利子率，いわば均衡利子

率である。市場利子率が自然利子率よりも低下するときは，貸付資本への需要が増加し，経済も活性化しているのでインフレ率は上昇する。市場利子率が自然利子率を超えて上昇するときは，貸付資本への需要が減少し，経済が下向きになるのでインフレ率は低下する。投資機会が鍵となっていることから，ヴィクセルの理論は上記②に近いとハーバラーは言っている。

　ところで，①は，純粋貨幣説の論客であるフィッシャーの理論とはどう違うのであろうか。彼も利子率を重視しているのである。

　銀行が，信用の供給量が貯蓄供給量を上回るような低水準に利子率を維持している状態では，信用の量は拡大していく。景気が拡大し物価は上昇する。企業収益も増加するので，一層の信用需要が発生する。しかし，貯蓄量は貨幣流通量（貨幣交換方程式 MV＝PT の MV を指す）と同じペースで増加するものではない。したがってフィッシャーの均衡利子率も上昇する。この均衡利子率と市場利子率のギャップは大きくなっていく。一層の信用需要の増加にも対応しようとすると，インフレを招くことになる。インフレを抑制するためには，市場利子率を大幅に引き上げる必要が出てくる。それが信用の量を抑制するので，景気は後退に向かう。信用と景気の間に投資という用語が見当たらないことが，両者の大きな違いということであろうか。

　ともかくも，いかなる信用拡大も過剰投資と崩壊に終わることになるというのが，貨幣的過剰投資説の結論である。インフレ的な信用拡大によって社会全体の資本ストックの継続的増加を実現することはできない。累進的な物価上昇と貨幣制度の機能不全の危険が，無限の拡大を阻止することになる。しかし，商品一般の生産が継続的に増加し，物価上昇が緩やかな経済においては，継続的な信用拡大の余地がある。

　さて，次に②の投資機会重視派による非貨幣的過剰投資説を見ておこう。

この理論は，貨幣には比較的従属的な役割しか与えない。それは推進力ではなく，受動的な条件であるとする。この説で景気変動を特色付けるものは資本財，特に固定資本設備の産出高の変動である。消費財の生産は，景気変動の過程においては資本財と同じような規則性を示してはいない。これについては，A.シュピートホフの興味深い指摘がある。1945～47／48年のドイツにおいて，景気拡張中に消費が実際に減少したことがあるという事実がそれである。ただし，今日，いゆわる景気拡張期において，一時的に消費が減少することは普通に生じている現象である。データの期間の取り方によっても変わってくるだろう。傾向線的に見て，下向きになっていたのかもしれない。四半期程度の期間では，減少することがあっても不思議ではない。

　いずれにしても，この観察を基にシュピートホフは実に重要な結論を導いている。一連の凶作に基づく食料品価格の高騰のため，労働者階級の経済状態は絶対的に悪化したが，たとえ鉱工業生産の高低に直接関わりのない農業生産の変化を考慮しないとしても，消費財の産出高は景気循環とあまり関係がない。このことは，景気循環の基本が固定資本の産出高の変動であって，他の分野での生産とは直接の関係がないことを示している。

　シュピートホフは，景気変動の要因を徹頭徹尾投資に求めたのであり，投資活動の回復が資本財と投資財生産用の原材料（鉄鋼，セメント，木材，レンガ）の需要に現れ，次いで消費財に及ぶとしている。資本財，投資財の原材料関連の物価が上昇し，これが一層，投資を刺激する。利潤が生じ，投資余力が発生する。心理的な刺激要因にもなる。こうして好況の途を雪だるま式に進んでいくことになる。このとき，信用は景気拡大にとって不可欠の要因となる。この投資資金は不況期において蓄積されており，拡大期間にはそれを引き出して使うことから，少なくとも拡大初期は銀行から

資金提供を受けなくても支障がないと考えていた。これが「非貨幣的」とされる所以でもあるのだろう。

さらに重要とされるのが，シュピートホフの，ブーム崩壊を説明する理論である。

景気は限りなく上昇することはできない。しかし，それはどのようにして終息することになるのか。過少消費論者は，消費財需要の委縮，あるいは物価・利潤の上昇に賃金が遅れることを終息の要因としたり，個人・法人の貯蓄が過多となることに注目する。しかしシュピートホフはそのような見解には与しない。景気後退（恐慌を含む）[†7]を招くものは，資本の不足であると言う。それはまた，商品部類間での生産の不均等を示唆している。貨幣的手段では恐慌を阻止することはできない。

ブーム崩壊の原因は，過剰貯蓄ではなく，過少貯蓄である。逆に言えば，それは過少消費ではなく過剰消費ということになる。

ここでシュピートホフは，財貨（商品）を次の4つに分類する。

1) 経常消費用の商品（食料品，衣料品など）
2) 住宅，水道，電燈設備，ガスの供給設備その他の公益事業のような，耐久もしくは半耐久消費財（自動車や家具は1と2の中間に位置する）[†8]
3) 鉱山，製鉄工場，レンガ・セメント工場，繊維織物工場，機械工場，鉄道，発電所などのような耐久資本財（固定資本）
4) 鉄鋼，セメント，木材，レンガなどのような耐久財建設用資材（間接

---

†7 われわれはすでに前章で，恐慌の定義を行った。それによれば，恐慌は景気後退の一つの形態であり，激甚な景気後退を意味していた。

†8 これは少し変わった定義であろう。ここに挙げられた供給設備については，消費財に分類するのが適当とは考えられないであろう。公益事業の設備自体は固定資本と見なすのが通常である。つまり，今日の見方で言えばこれらは次の③に属する。

的もしくは再生産用消費のための財)

　ブーム期間中には，上記4つの財の間で生産のバランスの喪失が発生する。これらの財の間には補完関係があり，いずれかの財の不足は他の部類の財の過剰を意味する。過剰生産は耐久資本財にも耐久消費財にも規則的に発生する。それは必然的に鉄鋼，セメントなど建設用材料の需要減退と過剰生産を引き起こす。耐久資本財（及び，ある程度までは耐久消費財）の生産と販売は，投資につながる資本の量に左右される。ブームの末期には資本量は減少する傾向にある。需要減よりも重要なのは，生産・供給の増加である。それが生産過剰を引き起こす。

　消費財の欠乏が資本財産業の崩壊を引き起こす。しかし，消費財産業で需要超過なのだから，消費財産業は繁栄するのではないか。それが資本財産業の絶望を意味するのはなぜなのか。必要な銀行信用が利用できて，利子率が低い場合には，消費財産業の繁栄は自動的に高次の段階に上がっていく（高次とは，いわゆる川上に位置する産業ということ）。生産要素にも遊休部分が存在している場合は，高次の産業の投資機会を無にさせるような状況にはない。高次産業の生産も増加するし，物価上昇も限られる。ただ，繁栄の末期には資本量は減り，利子率は上昇している。したがって，消費財産業に生産要素を吸収されていることから，資本財産業は増産にはコストがかかることになる。それどころか，利子率上昇で，雇用している生産要素を留めておくことが難しくなる。そして不況になっていく。

　シュピートホフは，投資の環境に焦点を当てているのである。利用可能な投資量，そのときの利子率によって，まず資本財産業の景気後退が起こり，消費財産業はタイム・ラグを伴いつつ後退していくと考えている。

　続いて G.カッセルの説を見ておこう。景気上昇の初期段階では，生産の

増加は対応する貨幣の流れの変化と並行する。資本形成の加速化に向かう強い流れが存在する。しかし，後期になると，資本蓄積は鈍る反面，固定資本設備の生産は増加する。貨幣の流れと生産の趨勢との食い違いは，ついには恐慌を引き起こす。ここでは，実体的な資本を引き受けるのに利用できる資本家の貯蓄供給力（貯蓄量）が，過大評価されている。

　経済に悲観論が広がり，投資態度は消極化する。貨幣は投資されずに保蔵されるか損失補填に充てられる。物価は下落し，悲観論がさらに強まる。その後，不況期間中における賃金や原材料価格の低落，利子率の低下，生産方法の改善などの結果として，資本設備の建設コストが低下することから回復が始まる。資本主義経済の自然回復力に関する理論としても注目されるべきであろう。

　シュピートホフの場合は，それだけでは不十分であって，新発明，新市場の発見，豊作といった外部からの誘因が現れ，新たな投資機会を開き，予想利潤率を高めることで，投資が回復していく。一方，カッセルは利子率の低下を重要視した。ハーバラーは，19世紀の景気変動が発見または発明に先導されたものであることは，多くの研究者が同意していると見ている。その場合，利子率よりも利潤率のほうが重要な要因であったはずだとしている。

　では，③はどうだろうか。A.アフタリオンや C.F.ビッカーダイクは，消費財等の完成財需要の変動に景気変動の主たる要因を見ていた。この説は，古くはバラノーフスキーの生産部門間の不比例的投資に基づく理論にも見て取ることができた。バラノーフスキーにおいても，生活に必要な財の生産部門と生産に必要な財の生産部門（資本蓄積を目的とした財の生産部門）とでは，後者において投資の変化が大きくなり，過剰生産を引き起こす場合があると説明されていた。

完成財ならびにサービスに対する需要と産出高の変化は，その生産に用いられる生産財の需要と産出高にはるかに大きな変化を引き起こす傾向がある。完成財とは，消費財と解釈する必要はなく，いかなる段階の財も先行する生産段階との比較では「完成財」である。例えば，生産財と資本財では資本財のほうが完成財ということになる。より一般的には，素原材料と中間財では中間財が完成財である。消費財に対するわずかな需要の変化も，より高次の段階，つまり川上に位置する段階の財に対する需要の激しい変化に転換される。この変化の度合いの上昇はあらゆる生産段階について言えることであるから，消費から一番遠い生産段階における変動が最も激しくなるのは当然のことである。

　この理論を，資本財つまり固定資本に関して数値で解説しよう。

　いま，靴を1年間に100足生産している企業を考える。その生産に必要な固定企業設備の原価が500とする。この機械設備は1年に10％ずつ減耗していく。したがって，その率で設備が更新される必要がある。ここで，靴の需要が増加したとする。その需要増加を満たすためには，生産が10％増え，年率110にならなければならない。過剰能力が存在せず，生産方法の変化もないことを前提すると，この生産額の増加は固定資本ストックの10％の増加を不可欠とするだろう。すると，更新用とは別に新たな機械を10％増加しなければならなくなる。つまり，合計100の機械が生産される必要がある。靴10％の生産増加のためには，機械を50から100に増産しなければならず，その生産は100％増ということになる。そして，この増設した機械の生産量が維持されるためには，靴の需要は年々同額で10ずつ増加しなければならない。もし，2年目に靴の需要増加額が5に減少したらどうなるか。新規に必要な機械は25となり，更新用と合わせて75となるであろう。靴の増加率（減少ではない）が低下しただけでも，つまり，

増加していても，機械生産は前年から 25 減少することになる。

　さらに興味深いのは，在庫投資に関する理論である。

　販売業者と生産者が，単位時間当たり販売量または生産量に対して，固定した比率の在庫を保持しようとするものと仮定する。いま，月々 10 万足の靴が売られている。販売業者が常に保持しようとする在庫の量は，1 か月の販売量に等しいものとする。需要量と販売量が 11 万足に増えた場合は，この水準が将来も持続すると信じられていると前提しよう（このような想定を置いた予測をサステインド・チェンジ・シミュレーションと呼ぶ）。この場合，販売業者は売上と在庫の比率をこれまで通りに維持しようとするから，在庫を増やさねばならず，売上が増えた以上に生産者に対して発注を増やすことになる。この例だと 12 万足を発注する。なぜならば，今月分の発注を 10 万足にしたら，ひと月分の販売量に相当する 10 万足の在庫はいまや 1 万足ぶん不足し，9 万足まで減ってしまうので，それを 11 万足の水準まで上げるためには 2 万足多く発注しなければならなくなるからである。しかし，この発注量では，来月も 11 万足の売上が確保できなければ売れ残ってしまう。ある月の終わりにその販売増加が止まってしまうと，それが 10 万足より多い販売量であっても，もはやその在庫を増やす必要はなく，生産者に対する発注は多くて 11 万足まで落ちてしまうであろう。売上が減った以上に生産者への発注は減ることになろう。例えば，販売量が 10.5 万足になったら，発注量を 10 万足にまで落とすことはないだろうが，10.5 万足を発注すればひと月の販売量に対する比率は保持できることになろう。販売量は 0.5 万足減ったが，発注量は 1.5 万足減っているのである。

　これら過剰投資説に共通する性格は何であろうか。

　生産高を増加するためには，在庫なり固定資本なりの形で資本の投下が行われるが，その成果が得られるのは多少なりとも隔たった将来となるよ

うな投資を，いますぐに大量に行う必要があるという事情なのである。つまり，不確かな将来を見据えて投資を行わなければ，競争に勝てず，結果として市場から退出していかねばならなくなるのだ。そこに大きな変動が生まれる素地がある。

4▶ 過少消費説

われわれはすでに過少消費説を知っている（第 2 章 p.52-53）。それは恐慌論にまで遡る。論者としては，前章で見た S.シスモンディのほか，英国の T.R.マルサスが良く知られている。彼ら以降では，J.A.ホブソンや W.T.フォスターなど 1930 年代の人々が知られている。結論から言うと，これは恐慌と不況を説明する説である。その点で，景気変動全体を考慮した過剰投資説とは異なる。

この「過少消費」という概念自体，かなり多様な考え方を含んでいる。ただし，すべての過少消費説は，貨幣所得かそれからの消費財への支出かのいずれかが不十分だという主張を含んでいる。以下にいくつかの類型をまとめておこう。

① 技術的な改善や発明がなされると同時に，他方には資本蓄積が行われることにより，生産は消費能力を超えて増大する。これが最も素朴な過少消費説であるが，消費が見込めないところに資本蓄積が常に発生するような印象を与えることからも，根拠が乏しいとする批判がある。

② 購買力の喪失として貨幣が市場に現れなくなる過程を説明するのにこの説が用いられる。デフレーションの発生要因を貨幣に求めるので，貨幣的景気理論の性質を有すると言える。貨幣は退蔵され，流通速度は低下する。

③ 生産量は長期的には増加する趨勢を持つ。人口は増加し，発明と改善が商品の産出高を増加させる。資本ストック，すなわち生産用具は追加され，蓄積される。だから，貨幣量が増え続け，増加する商品の産出高を安定した価格で吸収するのに十分な購買力が創出されていくのでなければ，商品価格は下落し，不況になる。一般的な説明としては理解しやすいが，循環変動の経路の説明にはなっていない。

過少消費説は，短期循環変動の説明には関係ない部分が多い。またある部分は，すでに他の理論に含まれている。

ホブソンやフォスターの理論では，過剰貯蓄がすなわち過少消費を意味する。経常所得であまりにも多くの部分が貯蓄されて，消費財の購入に回る部分が少なすぎると見る。つまり，生産と販売の均衡を覆すのは，個人と企業による自発的貯蓄の過程である。

これについて，ホブソンの過少消費説を少し詳しく見てみよう。ホブソンは，過剰貯蓄の原因は所得分配の不平等であるとする。貯蓄が投資につながらない部分がある場合，それは銀行への債務返済に充てられたり，現金・預金として退蔵される。それがデフレーションを引き起こす。ここでホブソンは，デフレを物価現象として捉えていない[†9]。財貨への需要減少をも含む概念として用いている。貯蓄は，貨幣が消費に用いられないということと同義なので，消費財需要の減少を招くことになる。他面では，貯蓄は最終消費財の生産を増やすという生産的目的に向けて投資される。しかし，貯蓄が超過すると，消費財に対する需要が減少し，経済は被害をこうむる。景気が拡張する局面では，需要が活発で新たな貯蓄はたやすく新

---

†9 デフレは物価に関する現象というのが共通認識と言える。

投資にはけ口を見出すことができる。しかし，恐慌，すなわち好況から激甚な不況への下方転換を説明するうえで，この説が寄与するところがあるかは疑問であるとハーバラーは言う。貯蓄率がブームの末期にかけて急増し，困難を生むという仮定があやふやだからである。ブーム末期にはむしろ，貯蓄率は低下しそうに思われる。

　ホブソンの説の特徴は，景気拡張過程で新たな生産過程の果実が現れ始めると，ブームの終末が訪れるとしている点である。恐慌をもたらすのは，消費財需要の減少ではなく，消費財供給の急増だというのである。

　過少消費論者は，資本蓄積の効果で消費財生産が増加するまでには時間がかかることを重視する。その間，供給が不足し，物価は上昇する。こうして投資を促進するような刺激が絶えず与えられる。しかし，新しい迂回生産過程が完成されると，新投資は終わり，消費財が市場に流れ出す。消費財市場は飽和状態となり，それは高次の生産段階に伝わっていく。なお，ブーム崩壊の原因を主として消費財需要の不十分さに求める理論は E.レーデラーにも見られる。均衡は，利潤を減らして賃金を上げればたやすく回復できる。貯蓄率の低下と消費率の上昇が必要である。それは，恐慌と不況の間にもたらされることになる。

　それでは，ブームはなぜ崩壊するのか。

　過剰投資説は，銀行信用の拡大を重視する。その裏には過剰投資がある。一方，過少消費説は，過剰利潤が過剰貯蓄（高所得層から来る）の源泉となることを重視する。投資は消費財需要に対して過剰なのであり，資本供給に対してではない。過剰投資とは消費財需要の不十分さのことであり，貯蓄の流れが不十分ということではない。

　過少消費説に基づけば，1929 年の米国大恐慌は，最終消費者の所得の不足が呼び込んだものと理解できる。消費者の資力に比べて，耐久財産業の

非常な能力拡大と膨大な住宅・工場の建設はまったく過度であった。われわれは、後でこれらの説を今日的に評価してみたい。

5▶ 心理説

すべての経済事象が心理的側面を持っていると言われれば、否定はできないかもしれない。なぜならば、すべての経済事象には人間が絡んでいるからである。そもそも、経済学の分析対象は人間の行為であり、それは心理的な基礎を離れてはほぼ語れないはずである。

過剰投資が起こるのも、企業経営者の利潤拡大動機が根底にあるからであり、過少消費に導くのもやはり、企業の利潤拡大動機が影響しているとも考えられる。過少消費の原因となる賃金の分け前の委縮は、企業がコストを圧縮したいという姿勢の表れとも考えられるのである。こうした心理説は、真っ向から否定し去る論者もいないのだが、その強調のされ方によって、独立の説かどうかが決まるような印象を受ける。論者としてはA.C.ピグー、F.ラヴィングトン、F.W.タウシッグがよく知られている。

まず、期待は不確実性を持っている。例えば、長期の生産過程や耐久的な工場施設に資源を投資したり、そのような目的のために資金を投入する場合は、不確実性は大きい。長期的かつ耐久的であるほど、不確定要素と損失の危険が大きくなる。そこに、楽観主義と悲観主義が付加的な要因として導入される。転換点は、楽観主義から悲観主義、またはその逆の変化によって特徴づけられる。しかし、それは特に抽出して強調するほどの要因なのであろうか。累積的な拡大を起こすのは投資機会の出現であり、貨幣量も増加する。その結果、財への需要が増し、さらに投資を刺激することとなる。これが累積的な拡大になる。問題はこの過程に楽観主義と悲観主義が加わると、何がどう変わるかということである。利潤が期待利潤に

なるだけなら，貨幣的過剰投資説でも同様に考えられている。

　確かに，利子率の低下などの客観的要因の変化と企業家の投資決定との間に見られる関係は，諸学説がしばしば主張するほど厳格なものではない。その乖離にあたる部分は，心理説の主張するところに依るのかもしれない。われわれは，企業家の精神状態そのものを観察することはできない。しかし，ある種の観察によって，そこから精神状態やその動きを推測することは可能である。心理が積極的貢献をなし得るか否かを検討できるのは，この方法である。

　まず，需要や生産が多くの産業部門で増加しつつある時期には，まだ需要の増加が感じられていない部門の生産者も，需要増を期待することになりがちだという事実がある。景気動向を読む立場からすると，これは否定できないものと思われ，重要かつ現実的な仮定とも言えよう。さらに，需要と物価がしばらく上昇し続けたのちには，いままでと同程度か，ほぼ同じ程度の上昇が今後も続くということを，ますます確信をもって期待する習性が人々にはある。人々は現在の経験を，過度の自信をもって将来に引き延ばすきらいがある。これも実際に経験され，たびたび指摘されている事実である。

　心理説の命題は，楽観主義や悲観主義の存在のために，拡大過程や縮小過程が助長されているということであろう。言い換えれば，客観的な経済的決定要因（利子率，貨幣流通量など）に対する投資の反作用が，「純経済的」学説の示唆するところよりも強度になりやすいとも言える。

　次頁の**図**5-6において，投資資金の需給は，当初SとDの交点で決まっていた。しかし，不況期にはDはD'にシフトし，好況期にはDはD"にシフトする。このシフト，そしてその大きさに影響するのが心理である。したがって，心理説はブーム崩壊をもたらす特定の仮説ではない。心理説は，

図 3-6　投資資金に対する需給

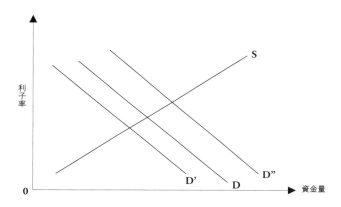

これまで紹介したすべての学説と両立する説であるとも言えよう。

6 ▶ 収穫説

　農業収穫の周期的変動を重視する学説である。一般には W.S. ジェボンズの太陽黒点説が知られるところであろう。これは太陽黒点の面積に約 11 年の周期があり，それと穀物価格が似た周期の動きを示すことから，景気変動の学説として提唱されたものである。

　もちろん，農業生産と鉱工業生産の関係は複雑でありうる。これについて多くの学説が提示されているものの，一致点は見出されていない。一般的な印象としては，横に置かれた学説とも言えよう。しかし，それは国にもよるのではないだろうか。われわれは，後で一つのデータを引用しつつ，収穫説の現代的な意味を考察してみよう（第 3 節第 4 項参照）。

　収穫説とは，宇宙からの影響が天候状態に作用し，天候状態は収穫に，収穫は一般事業活動に影響する，という説である。ただし，収穫変動の効

果が経済外的あるいは経済内的な要因によって部分的に、あるいは完全に打ち消される可能性を認めている。また、逆にそれらの要因によって補強されることもありうるとする。

収穫説の変動周期については論者によって様々で、ジェボンズが11年（10.5年）、その息子H.S.ジェボンズが3.5年、H.L.ムーアが8年である。

この説に対しては、ピグーやD.H.ロバートソンが次のように述べている。すなわち、収穫変動は、景気変動の転換点と時期的にたまたま一致する場合は別として、景気変動の周期を決定するよりは、むしろこれを攪乱する傾向がある。一方シュピートホフは、産業の拡大をもたらす力を持つ数多くの要因のうちで、農業と革新を特に重要な要因として挙げている。また、A.ハンセンやJ.M.クラークは、農業生産高の変動が事業活動における循環的変動の原因の一つであることを否定している。農産物の供給は、景気変動がもたらす農産物需要の変動に対して弾力的に動けない。だから、農業所得も景気変動に影響を及ぼすことはないというのである。これは農業生産があくまでも受動的な立場にあることを前提としているとも言えよう。

しかし、天候による農業の自律的な変動が事業活動に影響を及ぼすと考えることと、需要の変動に対して農業生産高の反応が鈍いと考えることとは、相容れないものではない。両立するのである。

この説の大きな欠点は、豊作と好況、凶作と不況が結び付くのか、あるいはその逆、つまり豊作と不況、凶作と好況が結び付くのかについての見解が論者によって一致していないことである。

7▶ ケインズの景気循環に関する覚書

マクロ経済学の創始者であるケインズが、自分以前の正統派経済学を古典派と呼んで批判的議論を展開したことは有名である。だが、第二次世界

大戦前に発表された代表作『雇用・利子及び貨幣の一般理論』[†10]の中で，景気循環に関する見方を披露していることは意外に知られていないかもしれない。第6編「一般理論の示唆に関する若干の覚書」の第22章「景気循環に関する覚書」がそれである。

ケインズはそこで，自分の理論が景気循環という現象を説明することができなければならないと言っている。彼にとって景気循環は極めて錯綜した現象であり，その説明のためには自身の理論を総動員する必要があった。そのさい特に「消費性向」「流動性選好の状態」「資本の限界効率の変動」が一役演じており，なかでも「資本の限界効率」は景気循環を規定する要素となっている。

ケインズの見解に入る前に，そのマクロ経済の捉え方を紹介しておこう。上で述べたように，消費性向（厳密には限界消費性向），資本の限界効率などの概念が彼の理論の柱なのであるが，われわれにとって重要なことは，それらの相互の関係であろう。まず限界消費性向は，いわゆるケインズ型の消費関数で所得に係る係数として登場する。$C = C_0 + \alpha Y$ の式における α がそれである。つまり，消費は所得によって決まるのである。それでは，所得は何によって決まるのかといえば，それは投資である。投資が行われて乗数過程を経ることによって，所得が増加する。すなわち，投資→所得→消費という経路を経て経済の活動水準が決まる。景気の観点からは，この投資というのは結果としての概念だけでは捉えられない。あくまでも投資財あるいは資本財の生産・出荷段階が所得を生むと考えられる。例えば，機械の据え付けという投資なら，それは景気に遅れて動いていると考えるべきである。もちろん，機械設備の投資に言及するだけでは不十分であっ

---

†10 邦訳：塩野谷九十九訳，東洋経済新報社，1941年。岩波文庫版（間宮陽介訳『雇用, 利子および貨幣の一般理論』上・下巻）もある。

て，本来は在庫投資も含める必要がある。改めて強調するまでもないが，企業の活動の中から所得が生まれてくるのである。

　次に，資本の限界効率とは，投資の結果として期待される将来の収益の現在価値の合計を，投資額（資本の供給価格）に等しくさせるような割引率のことである。投資の費用便益分析に登場する内部収益率と同じような概念である。

　景気循環は，経済体系のもろもろの重要な短期変数が結合して生じる諸変化によって複雑化し，しばしば激化するけれども，資本の限界効率の循環的な変化によって引き起こされるものであると見るのが最も適当である，とケインズは言う。経済体系上の循環的運動を表現すれば次のようになる。例えば上昇過程においては，上昇の推進力となる諸力は最初その力を増強し，相互に累積的な効果をもたらし合うが，漸次その力は弱まり，ついにある点に至るとそれらは反対の方向に作用する諸力によって置き換えられる傾向を持つ。こんどはそれら諸力が一時その力を増強し，相互に強化し合うが，その発展の極限に達すると，ついにはそれらもまた衰えてその反対者に地位を譲る。これは，上昇及び下降運動の時間的継起と持続とに，認識しうる程度のなんらかの規則性が存在することをも意味している。

　ケインズのこの解釈は，経済内に景気変動の自動装置が備わっていることを述べており，われわれにとってもなんら新規なことではない。しかし，ケインズにとっては，自身の資本の限界効率の理論を実際の景気変動と結び付けて考える必要があったということである。

　資本の限界効率は，現存する資本財が豊富であるか希少であるかということ，及び資本財の経常生産費に依存するのみならず，資本財の将来の収益に関するその時々の期待にも依存する。耐久資産（固定投資の残高）の場合は，将来に関する期待が，得策と考えられる新投資の規模を決定する

うえで支配的な役割を演ずると見ることは，自然でもありまた合理的でもある。しかし，問題はこのような期待の基礎が極めて頼りないものであることである。期待は急速かつ激甚な変化にさらされている。

　好況の後段階は，資本財の将来の収益が，資本財過多の傾向もその生産費の上昇も，おそらくはまた利子率の騰貴をも相殺するに足るほど強力なものであるという，楽観的な期待によって特徴付けられている。過度に楽観的で買いすぎとなっている市場において幻滅が起こる場合，それは急激かつ破局的な勢いで起こる。これは，自分の買いつつあるものについて著しく無知な買手と，資本資産の将来収益の合理的な推定よりはむしろ市場の人気の次の変化を予測することにいっそう多くの関心を有する投機業者との影響下にある，組織化された投資市場のもつ性質である。

　そればかりではなく，資本の限界効率の崩壊に伴う将来についての驚愕と不確実性とは，おのずから流動性選好の急激な増加をせきたてる。つまり，ケインズは貨幣需要が増えると述べる。そしてそれは，資本の限界効率の崩壊の後に発生する。このとき，利子率の高騰が同時並行的に進行する。この状況下では，投資の低下はひどく深刻なものとならざるをえない。資本の限界効率が低下し，利子率が高いので，投資意欲は減退するということであろう。これで不況が御しがたいものとなる。後になれば，利子率の下落で回復が助けられることになる。しかししばらくの間は，資本の限界効率の崩壊が少しの利子率低下では補償されないという状況が続くのである。回復までに一定の時間がかかるのは，資本の限界効率の回復を支配する要因，例えば利子率の十分な低下に時間が必要であることによる。また，一定の周期をもって循環運動が展開するのは，①設備の寿命の長さ，②資本財の余剰在庫の持越費用の影響という二つの要因があるためである。

　好況は方向を誤った投資を導く。2 分の収益をもたらすべき投資が，6

分の収益をもたらすであろうという期待のもとに行われ，それに応じて評価される。ひとたび幻滅がやってくると，この期待は反対の「悲観の誤謬」によって置き換えられ，その結果，完全雇用の状態下において，2分の収益をもたらすはずの投資がゼロ以下の収益しかもたらさないであろうと期待されるようになる。新投資は壊滅状態となり，失業を招き，事実ゼロの収益しかもたらさなくなる。

　このようにケインズは，資本の限界効率が騰落することによって，景気変動が起こると考えている。これは，われわれのいわゆる過剰投資説と言えよう。また，米国の経験を例に，完成財及び未完成財の在庫の変動が景気循環における小波動の要因であることが示されたとしている。数か月後に一般化すると期待される一定規模の消費に備えるために産業活動を起こす製造工業者たちは，一般に事実よりはいくらか先走るという点において，小さな誤算を犯す傾向がある。その間違いを発見したときには，彼らは過剰在庫の吸収が可能となるように，その生産を短期間，経常消費よりも低い水準にまで引き下げなければならない。これはいまで言う在庫循環のことである。

　ケインズは，彼が主題としたマクロ経済の把握と関連付けて景気変動に関する考えを述べた。この第6編が「覚書」と題されていることから，彼が景気変動を，マクロ経済の変動そのものではないものの，マクロ経済における一つの重要な変動と考えていたように思われる。その重要な変動と資本の限界効率を結び付けることによって，自身の理論の補強をしている印象を与えるのである。

　ケインズとも関連して，マクロ経済を短期静学的な世界とは異なる動学的な世界として描こうとした経済学者にM.カレツキがいる。カレツキも投資に焦点を当てた。その際，今期の投資決定に基づく実際の投資が遅れて

出てくることを前提としていた。彼によれば，経済が繁栄の頂点に近づくとき，資本設備の過剰感が出てくる。それがその後の投資を抑制する。そして下方転換に至る。沈滞の底に近づくと，資本設備の過剰感が払拭され，経済の回復が見え始めるにしたがって投資が徐々に増加していく。

　ここまで，景気変動の要因に関する代表的な学説を概観した。この後は，現代の景気変動を考える際に，それらの学説が示唆していることは何かについて考察することにしたい。

第3節 ❖ 後世への示唆

　前節で，主として G.ハーバラーの『景気変動論』の内容に沿いながら，景気変動の要因について概観してきた。

　資本主義経済における経済主体は，自由な意思決定のもと，自らの目的関数（効用関数，生産関数など）の極大化などを目指す。その結果，競争市場での均衡が成立し，社会全体の余剰が最大となる。正統派経済学（この場合は古典派経済学）では，資本主義成立期から見られた極端な経済の振れは一時的なもので，ほどなく解消されると考えられてきた。作ったものは残らず売れる（セイの法則）。それが常態であり，恐慌はたまたま発生するものにすぎず，資本主義の病理と考えるのは間違いだとされていた。

　不況に向かう時のみならず，好況の只中で生ずる投機熱あるいはバブルも，資本主義の病理ではないのであろうか。今日の景気に関する議論を想起すればすぐに分かることだが，これらは病理とまでは言わないにせよ，資本主義に付き物の困った現象である。景気はどちらの方向についても行きすぎるということが問題である。これは否定できない事実であろう。で

はなぜ，景気は行きすぎるのであろうか。ここまで整理してきた景気変動の要因に関する諸説には，この問いへのヒントが含まれている。ここでは，特定の学説を評価するのではなく，今日の景気論議を念頭に置きながら，各説から景気変動の中核的な要因を抽出してみよう。

1▶ 投資が過剰になるということ

企業に利潤動機が働くのが当然である以上，商品が売れれば，さらなる利潤の上積みを目指すのが企業の行動というものである。短期的には，商機を逸しないために在庫補充に積極的になる。したがって生産量を増やそうとする。これは既存の資本設備を稼働させて行うので，設備投資の意思決定までには及ばない。設備投資は既存設備で行う増産の程度にも依存する。また，企業がその増産を将来にわたって期待できると考えているかどうかにも依存する。

また，そのような生産能力増強の場合に限らず，設備投資の必要は生じることがある。更新と省力化である。いずれも生産能力増強に直結するような設備投資ではない。更新投資は設備の減耗を補填し，生産能力を維持しようとする意図で行うものである。ジュグラー循環は，この更新投資の期間が約10年だとすると，その波が現れたものではないかという解釈もある。ケインズも同趣旨のことを言っている。一方，省力化投資は，労働節約化投資とも言うべきもので，企業の費用関数を最小化しようとする行動の一つとも言えよう。

過剰投資説自体は，もともと恐慌の要因を説明するために考えられたという経緯がある。したがって，企業家の投資マインドが常軌を逸するほど盛り上がることを重視する。しかし，逆の局面，すなわち景気が後退している局面においては，過少投資とならないのであろうか。前出の心理説を

援用すれば，悲観主義が投資を必要以上に抑制することは常態とも考えられる。ここでも，短期的な在庫投資と中期的な設備投資に分けて検討する必要があるだろう。

　短期的な在庫投資の場合は，売上が減少し続けると在庫水準が上昇する。その間，生産は当初の予定通り行われている。それが在庫を増やすのである。売上が減少してきているのだから，これまでのペースで生産を増やしていては在庫が溜まる一方であり，倉庫等のスペースを借りるなどすればコストが嵩む。また，需要が減ってきている商品の在庫が増えることは，売れ残りが増えることを示唆しているから，企業経営にとってのリスクは無視できない。そこで，在庫圧縮の動機が出てくる。売上減少を受けて，出荷に充てる製品を在庫から賄うのである。これは「在庫調整」という用語でも知られている。

　在庫調整をしている間は，生産に抑制的な圧力がかかるのが普通である。売上の減少ペースいかんでは，在庫圧縮は長引き，生産抑制も長引く。ことに輸出に依存する程度が大きければ，需要は外国の景気動向に大きく影響されるので，在庫投資は過度に減少することがありうる。その場合，生産も過度に抑制されることになるから，景気は大きく下振れする。在庫水準がマイナスになることはないから，プラスではあるものの，過去の景気後退期に見られた在庫調整終了時の在庫水準に比べれば，非常に低い在庫水準になっていることはありうる。

　設備投資の場合はどうか。生産コスト上昇を回避するため海外に生産設備を移転させるような状況は，短期的な要因ではなくトレンド（趨勢）に近いものと考えられるが，ここでの主な関心は海外への設備投資ではなく，国内景気に関係のある国内投資にある。しかし，トレンドが国内投資を抑制するように働いていることは，国内での生産能力増強に慎重になってい

ることを意味するから，過少投資になりやすい環境とは言えるだろう。一方，設備更新は，意欲というよりも必要に迫られてのことである。だから需要が減少すれば，それは過小というより更新の必要もなかったのに更新したということで，むしろ過剰投資につながるものとも言える。したがって，生産能力増強としての設備投資は一層不要になり，それが場合によっては過少投資になる可能性はあるだろう。

　このように，過剰があれば過少もありそうである。特にわが国の場合，企業の設備投資動機の調査結果（代表的なものに日本政策投資銀行の「設備投資計画調査」[†11]がある）を見ても，生産能力増強の要因は年々減少し，過去最低を更新中であるのに対して，更新・省力化の要因は緩やかに増加している。このことから，設備投資の増減を単純に景気動向と関連付けることには慎重でなければならない。

　さて，在庫投資と設備投資は，それぞれ景気変動の短期要因・中期要因を代表するものであるが，相互に短期的な生産活動水準に影響を及ぼすものと考えなければならない。在庫投資に関する判断では，在庫水準が売上（需要）に比して少なければ増産の動機が生じる。反対に多すぎるようなら，生産を抑制することになる。

　では，設備投資はどう考えるべきか。設備投資は，いわゆる投資財が稼働可能な状態となることを意味している。稼働可能になる以前は，投資財，つまり機械等の資本財と建物を構成する建設財として，発注先企業の在庫（出荷待機の状態）となっている。投資財を受注した企業は，在庫補充の必要性もあって生産を増加する契機を得る。受注が減れば，積み上がった在庫で対応していけばよいので，生産は抑制される。つまり，設備投資循

[†11] 同行のサイト（http://www.dbj.jp/investigate/equip/）で見ることができる。

環が上向きか下向きかは，短期的な投資財生産にも影響を与える。そして重要なことは，投資財の変動は消費財の変動より大きいという事実である。需要の変動がより大きな供給の変動になっていくということは，設備投資の増加局面では景気が上振れするということを意味している。これはまた，景気の下振れを大きくする原因にもなりうる。経験則的に「山高ければ谷深し」と言われる所以であろう。

　景気変動の行方を予測するには，在庫水準や出荷と在庫の関係に注意するべきことは言うまでもないが，設備投資循環の姿をも念頭に置くことが望ましい。二つの循環は共鳴するのである。実際の景気変動の観測でも，投資財出荷指数と呼ばれる，設備投資に関係する指標が採用されている。ただ，設備投資として結実するのは生産段階より遅れているわけで，設備投資が増加したからその期の景気がよかったと言うことはできない。あくまでも，傾向として設備投資が増加局面にあるのか減少局面にあるのかを把握しながら，投資財出荷の動向を分析する必要がある。そのとき，各種の設備投資予想を利用することも重要である。設備投資には生産能力増強以外にも動機があり，例えば設備更新投資は何年かおきに出てくるものである。それが増加局面にあることが確認できれば，設備投資予想の情報とも併せて検討し，投資財出荷の予想も可能となろう。

2▶ 過少消費説と現代

　過少消費説に対しては，景気変動の要因としては科学的説明になっていない，といった批判がこれまでなされてきた。それには，この説が多分に階級論を前提している点などを含め，運命論的な展開が嫌われているものとも思える。しかし，例えば日本の状況について，この説はまったくあてはまらないと言えるだろうか。

近年の日本では，賃金が伸びないことが消費停滞についての最大の要因とされている。賃金などの労働所得の指標は，景気変動とはほぼ無関係と言えるほど動きが少ない。労働者の状況についても，雇用の非正規化が進み，その比率はついに40％を超えた（2016年時点）。従来正規雇用とされてきた領域にも，「限定」正社員なる枠を導入する可能性が取りざたされている。要するに，働く側の形態・種類が細分化されてきているのである。そしてその影響は，1人当たりの賃金が下押しされるという現象に出ている。これはもはや日本経済ではトレンドと言ってよいであろう。

　そうなると，人口減少が今後も続くことを考えれば，消費の原資たる所得も全体的に停滞あるいは減少して当然ということになる。その状況が本来望ましい姿ではないとしたら，やはり過少消費という用語は，いまの日本の状況を言い表すのにふさわしいのではないだろうか。「国内市場は縮小するばかりなので，今後は海外市場を開拓しなければならない」という主張が頻繁に聞かれるが，その根拠は国内で消費が伸びないことにあり，さらにその要因は労働者の所得停滞ということであろう。したがって，過少消費説は，階級論の要素にはあえて蓋をした状態で，復活しているのではないかとも考えられる。

3▶ 貨幣要因説の現代的意味

　現代経済においては，貨幣が景気変動の要因であるとする説は，単体では必ずしも説得力がないように思われる。原理的な議論はともかくとしても，金融緩和が常態化している経済では，もとより実物面の変動と結び付きにくくなっていると考えられる。

　利子率については，その水準がいくら低くても，投資の利子弾力性の問題もある。企業が銀行信用に依存せず，内部留保や社債などでの直接調達

を行うことが多くなっており,利子率が極度に低い水準となっても投資が増加するとは言えない。逆に高くなれば,その負担は非対称的な影響を及ぼすというのが通説である。しかし,貨幣量つまりマネーの量は金融資産の変動を大きくし,その額が大きくなれば資産効果を通じて実物経済,ひいては景気に影響を与える可能性がある。

例えば,グローバル・マネーの量が世界のGDPを大きく上回るという状況では,株式市場,外国為替市場,不動産市場,債券市場,商品市場などに巨額のマネーが出入りし,それが資産価格の大きな変動を招くことになる。そうした資産価格の変動が実物経済に影響を及ぼすことは十分あり得る。しかし,金融面の動きが実物経済の変動に由来するという意味での関係が薄くなってきていることには注意しなければならない。

具体的に言えば,株価が騰落すれば消費などに影響が出るかもしれないが,株価が騰落していることを景気の良し悪しと結び付けるのは困難になっているということである。証券化が進み,様々な金融派生商品(デリバティブ)が生み出されているが,これはリスク分散が目的である一方で,リスク・テイクが安易に行われやすい環境が広がっていることをも意味する。金融が実物経済の血液であるよりは,金融それ自体の世界で瞬間的な利益を追求する傾向が強くなっていることは,景気変動の観測にも大きな影響を与えると考えなければならない。こうした面においては,確かに貨幣は景気変動の要因としては極めて重要と言える。

4▶ 収穫説は荒唐無稽か

最後に,収穫説について考えてみよう。

われわれは,天候によって収穫が変動することは知っている。前節で見た太陽黒点説の正否は措くとしても,収穫が経済に及ぼす影響も否定でき

ない。その影響の度合いは，経済に占める農業部門の割合が大きいほど大きくなることも理解しやすい。これは国によって事情が違ってくる。

　例えば，インドでは GDP の 2 割が農業部門で生産されるので，農業収穫が変動すればそれなりの影響は出るだろう。寄与率で GDP の 10〜12％を占めることも珍しくない。また，灌漑整備が遅れているため，降雨に依存する農耕地が多い[†10]。つまり降水量の影響を直接受けやすい。降水量が少なければ，米，小麦，サトウキビの生産量は減少する。実際，平年降水量に対する実降水量が 78.5％であった 2009 年には，穀物生産は大きく下振れした。このため，実質 GDP に占める農業部門の寄与度もほぼゼロになった。厳密に言えば，GDP は政府部門を含むなどの点で景気指標としてはふさわしくないのだが，結果的なパフォーマンスで考えれば，農業は景気変動にも無視できないほどの影響を与えるとは言えよう。ベトナム，タイ，インドネシア等でも農業収穫量は無視できない要素である。

　ここまで，景気という用語を厳密に定義することなしに使ってきた。しかし，すでに景気の意味を汲みとることは可能である。

　景気とは，私企業（民間企業）が新たな価値を生産するときの調子，あるいは企業の姿勢に関係があると言えるのではないか。景気の変動要因に関するどの学説も，企業の生産が過剰になったり，過少になったりすることを景気変動と呼んでいるように思える。その生産過剰や生産過少をもたらすものが，投資の過剰と過少であったりする。消費の過少も相対的には生産の過剰に導く。楽観主義や悲観主義の心理は，そうした動きの振幅を大きくする方向に働く。農業収穫は，農業国の場合は農業所得の変動を通

---

†10　ここでの説明は，三井住友信託銀行の調査（2012 年 9 月）による。

じて鉱工業部門の生産に影響を与えることになる。要するに景気を動かす要因は，状況によって異なるとしか考えられないであろう。しかし，どこに注意して見ていればいいかは，かなり明らかになったと言えよう。

❖**重要事項の確認**❖

①1. 過剰投資説と過少消費説の今日的意義

　過剰投資説は，普遍的な重要性を有すると考えるべきである。短期的な在庫投資の変動は，今日でも生産活動に与える影響が大きい。非製造業も製造業に連動して動く面が見られることから，製造業の生産を左右している在庫投資の動きは注目しなければならない。設備投資も短期的な生産活動に影響を与えるが，本来はより長期的な見通しのもとに行われるものである。したがって，それが行われるときには，企業の将来への積極的姿勢が看取されると言えよう。

　一方，過少消費説は，もともと恐慌や不況を説明する理論として現れたものである。特に，消費需要の低迷が多分に見られる日本では，企業が利潤を内部留保の充実に充てることに熱心すぎるとの見解もある。階級論的な色彩の強い過少消費説が，今日に至り復活しているようにも見える。

①2. その他の要因（特に心理説）

　経済主体の行動から景気変動が発生する以上，心理的な要因を無視するわけにはいかない。

　投機やバブルなどがその典型だが，通常クラスの景気変動にも心理の変化は影響しているだろう。望ましくないことを抑え込むには，心理に働きかけることが必要である。極度に楽観的な状態に放置していてはいけない。

問　題

1. 以下の①～④に掲げた主な景気の波について，問いに答えなさい。
   ① コンドラチェフの波
   ② ジュグラーの波
   ③ キチンの波
   ④ クズネッツの波

 (1) ①～④の景気の波の変動要因を，下のⓐ～ⓓより選んで記号で答えなさい。
   ⓐ 影響の大きい技術革新
   ⓑ 在庫の変動
   ⓒ 規模の大きな建設活動
   ⓓ 設備投資の変動

 (2) ①～④の景気の波の平均的な周期の長さを，下のⓐ～ⓓより選んで記号で答えなさい。
   ⓐ 約3年　　ⓑ 約10年　　ⓒ 約50年　　ⓓ 約20年

2. A.アフタリオンやC.F.ビッカーダイクの過剰投資説に関して，以下の問いに答えなさい。
 (1) いま，パンを1年間に100個生産している企業を考える。

　　その生産に必要な固定資本設備の原価を500とする。この機械設備は1年間に10％ずつ減耗していく。したがって，その率で更新が行われる必要がある。

　　ここで，パンの需要が増加し，生産を10％増やす必要が出てきた。過剰能力は存在せず，生産方法も変化がないものとする。また，需要の増加は将来も続くと考えられているものとする。

   ① この企業は，10％の需要（生産）増加に対して機械設備を何％増加する必要があるか。
   ② 2年目にパンの需要が5だけ増加したら，機械設備をいくら減少させることになるか。

（2）靴の販売業者は，単位時間当たりの販売量または生産量に対して，固定した比率の在庫を保持しようとする。いま，靴が毎月100足売られている。販売業者が常に保持しようとする在庫は1か月の販売量に等しいものとする。販売量が110足に増えた場合，それが将来も持続すると信じているとする。

① この販売業者は何足の靴を発注するか。

② ある月の終わりに，販売量が105足になった。この販売業者は何足の靴を発注することになるか。

（3）上の問題（1）と（2）の答えが示唆していることを説明しなさい。

（4）問題（1）では，**機械設備を左右する要素**がパンの年間生産量であった。これに対して問題（2）では，靴の発注を左右するのが月次販売量である。このことの意味を説明しなさい。

3. 以下の景気に関する文章の正誤を判断しなさい。ただし，本書で取り上げた標準的な考え方で判断すること。

① **機械製造企業が受注する機械**の台数が増加している。これは近い将来，設備投資が増加することを示唆している。

② 足元の情報から考えて，中国経済が減速しているようだ。ただ，明らかに後退とまではいえない。企業の在庫水準は低下することが見込まれる。

③ 労働者に占める非正規者の比率が上昇している。これは構造的な傾向のようだ。企業が設備投資に慎重な姿勢であることが窺える。

④ 景気後退が始まったようだ。企業の在庫水準が高い。これからますます在庫を積み増すのではないか。

⑤ 企業の更新投資が出てきている。これは企業が中期的な売上の増加を見込んでいるからであり，今後の景気拡張につながっていく予兆である。

4. 次の①〜⑤の学者・研究者の業績を，下の@〜@より選んで記号で答えなさい。

① シュピートホフ　　② シスモンディ　　③ ホートレー

④ ジェボンズ　　　　⑤ ピグー

ⓐ 景気変動は投資の盛衰によって生じるとした。
　　ⓑ 太陽黒点の面積が11年周期で変わることと農業収穫の変動を関連付けた。
　　ⓒ 将来への楽観と悲観が景気の振幅を大きくすることを重視した。
　　ⓓ 商人の在庫費用の変動が景気を動かすことを強調した。
　　ⓔ 労働者の賃金所得が伸び悩み，消費が低水準に抑え込まれることを恐慌の原因とした。

5. ケインズが唱えた「資本の限界効率」について，以下の問いに答えなさい。
　(1) ある資本財の寿命が1年であるとする。その資本財の供給価格が100，1年間で見込まれる収益が110である。このときの市場利子率が8％であったとすると，この企業は投資に乗り出すだろうか。
　(2) いま，市場利子率がゼロ近傍の国がある。この国で投資が盛り上がらない状況が続いているとすれば，その要因は何か。資本の限界効率に直接関係する要因を挙げなさい。

6. 以下の文章は，景気変動の要因を説明した過剰投資説と過少消費説に関するものである。①～⑤の（　　）内に適語を入れなさい。

　　概括的に考えれば，過剰投資説では，利子率，投資機会，最終消費財あるいは完成財への需要等が投資に有利な方向へ変動することによって，投資意欲が盛り上がり，積極的な投資が実行されることから（　①　）の状況がもたらされると考える。これは設備投資のみならず（　②　）にも当てはまることである。こうした投資の変動が景気を動かす原動力となることは，今日でも受容されている。
　　一方の過少消費説は，過剰生産はあくまでも（　③　）の不足が引き起こす現象であるとする。在庫投資は，短期的に景気の動因にも結果にもなりうるが，設備投資や消費は景気に（　④　）発現する現象と解するのが現代の景気変動観測の原則である。このうち，足元の景気動向と密接な関

係を有するのは在庫投資である。もちろん，設備投資も消費も，それが近い将来の（　⑤　）に影響を与えるという意味で，景気変動の要因であることは確かであろう。

第4章　景気変動論の発展

【本章のねらい】

　景気変動論が，資本主義における私企業の競争から生じる経済の変動について，その要因を検討してきた学問分野であることを前章で解説した。様々な要因の影響が現れる場所は，いわば生産工場の中であることも分かった。販売量，したがって消費も，資本蓄積，したがって投資も，それらに要する財の生産につながっていく以上は，生産水準に反映されると考えることは自然であろう。

　その後の景気変動論の関心は，経済データを用いて景気の波を特定化することに向かっていく。そして，景気変動の局面を実証的に決めることに注力するようになる。その結果が現代に至るまで，景気変動の観測実務に利用されることとなる。一方，いわゆる正統派経済学は，ケインズ理論の動学化の過程で，乗数理論と加速度原理を組み合わせて景気変動を表現しようとする。

　一方，新古典派経済学では，完全競争による経済を想定し，経済主体の完全予見を前提とした理論を構築した。実物的景気循環論（Real Business Cycle）である。技術面でのショックにより，経済における均衡点が移っていくとする理論である。これらの理論は確かに，実用性の面では使い方に窮すると言わざるをえないだろう。しかし，場合によっては興味深いヒントもしくは考え方にもなりうる。

第1節 ❖ 景気の波をどう測るか

1 ▶ W.C.ミッチェルの回顧

　景気は良くなったり悪くなったりするというのが，景気変動論の最大の発見であるとされる。米国の経済学者W.C.ミッチェルは，有名なその著書『景気循環』[†1]で，1世紀かそれ以上の期間にわたって，西欧が熱狂的投機，満腹した市場及び破産の流行を経験してきた，と述べている。ミッチェルはさらに次のように言う。18世紀の研究者たちは，主として事件の劇的な面だけに囚われて，根底にある諸要因については何ら注意を引くような理論を発展させることはなかった。1815年に至ってようやく，これまでの経験の蓄積が研究を開始するに足りるものとなった，と。

　恐慌と不況の問題に対して経済学における地位を与えたのは，正統派経済学者ではなく，彼らの教えによって啓発され，しかも彼ら正統派に反発した「懐疑派」の人々であった。A.スミスからJ.S.ミル，A.マーシャルに至るまで，古典派経済学者たちは，自身の大論文の中で産業の循環変動についてはごくわずかな注意しか払わなかった。彼らにとって恐慌と不況は偶発的な現象にすぎず，経済学が扱うべき中心的な問題とは考えなかった。経済活動は収縮と拡張[†2]が交互に現れる局面であるという事実を，他の問題に優越する舞台まで引き上げることは，元来批判家である人々（つまり懐疑派）の仕事であって，自分たち正統派の仕事ではないと考えていたのである。

---

†1　邦訳：春日井薫訳，全3巻，文雅堂，1961〜65年。
†2　「収縮と拡張」は，ミッチェルが膨大な実証研究の成果を通じて定めた二局面法による景気変動（循環）の各局面の名称にほかならない。

以上のことはすでに前章までに指摘してきたわけだが，この傾向は今日に至るも変わっていないのではないだろうか。恐慌論，過剰投資説，過少消費説，心理説，貨幣説，収穫説などの理論も，恐慌や不況という資本主義の慢性疾患の探究から生まれたものである。ただ，実証的な観察と分析はC.ジュグラーが嚆矢とされている。彼は，恐慌または恐慌・不況にだけ焦点を当てた研究を脱却して，より広い見地から観察と分析を行う必要があると考えた。実はジュグラー以前にも，実証的な景気変動に関心を寄せた人がいた。例えば，英国のジャーナリストであったJ.ウェイドは，1833年，商業的循環は普通5～7年で一巡しているという見解を発表した[†3]。過去70年の商業史を通覧すると，繁栄と不況が交互に経験されたことが分かる，としている。ミッチェルはウェイドのこの研究を引用しつつ，こうした統計や歴史的事実の利用が，研究者たちの関心が恐慌から景気循環へと一転する動きを促進したと述べている。

　この分野の初期の研究者にとって緊要の課題は，彼らが「商業危機」と呼んだ劇的事態の説明であった。彼らは，景気変動の単一局面に関心を集中した。危機が発生することは広く知られていた。危機が発生する前の繁栄をも説明する必要があることも認識されていた。そして両方とも異常な現象と見なされていた。ジュグラーは，危機の間の中間期が，しばしば不況と好況の交代を含むことを明白に掘り下げはしなかったが，危機が周期的に発生することは指摘していた。

2▶ 理論的研究法の批判としての統計的研究法

　以下では，豊崎稔の著作[†4]を参照しながら，景気変動の統計的研究の足

---

†3　John Wade, *History of the Middle and Working Classes*, London, Effingham Wilson, 1833.
†4　豊崎稔『景気予測法研究』大同書院，1932年。

跡をたどることにしよう。

　ジュグラー以降，第一次世界大戦直前までに展開した代表的な景気理論は前章で取り上げた。それらは，恐慌理論が19世紀最後の四半世紀以来，資本主義の現実と一致しなかったことに対して提唱されたものであった。しかし，それらが実態に即しているかどうかについては疑問もあり，そのことが統計を利用した景気変動研究を発展させる背景となった。繰り返すが，ジュグラーは，それら理論家の中にあっては異色の存在であった。統計を駆使して景気変動を描こうとしたからである。なお，経験を踏まえた景気変動研究の背景には，政策的な関心もあった。

　① バブソン統計社の景気指数　　バブソン統計社は，1904年，米国の企業家R.バブソンが設立した世界初の景気予測機関である。その統計分析は，ニュートンの力学的原則，すなわち「動と反動」の原則が，経済現象にも妥当するという仮説に基づいていた。動・反動の原則は，収穫に影響を及ぼす太陽熱や気候等に作用するのはもちろん，人間の心理にも作用する。収穫と人間心理が経済の動きの基礎であるから，経済の動きに動・反動の原則が当てはまるというわけである。

　同社によれば，この動・反動は次のような関係を示すという。

動の時間×強度＝反動の時間×強度

　これにより，景気の上下動を面積で表そうというものである。式の左辺の面積が好況を，右辺の面積が不況を意味する。この式が成立するときは，経済が正常に進行していると考える。それを数量的に把握できれば，実際の経済活動がその大きさ以上にあるか否かにより，経済の将来が予測できる。そのためには，ⓐ一般経済活動を数量的に示す総合指数，ⓑ時々の経

済の正常的な大きさを示す指数があればよい。

　ここで，バブソン統計社は興味深い系列を採用した。まず@の総合指数は，12の系列（移民人口，20都市の建築許可額，事業破産負債額，連邦準備銀行の小切手取引高，ブラッドストリート社[†5]による卸売物価指数，輸出入額，英・仏・独中央銀行の平均公定利率，在ニューヨーク一流企業の4〜6月払い手形割引率，綿花収穫高，鉄道諸会社の総収入高，カナダの景気統計，20種の鉄道株及び20種の工業株の最高最低価格平均法による株価指数）を，季節変動の影響を排除して指数化した。こうして得られた個別指数の若干のものに他の指数の2倍のウェイトを与えて平均したものを財界価額指数と呼び，この指数で経済活動の動きを示した。

　一方，ニューヨーク市外の諸銀行の手形交換指数の動きが正常な経済発展を示すと考えられることから，上記の財界価額指数とX‐Y線を組み合わせて財界価額図（通称バブソン・チャート）を作成した。その際，1905年を基準年とし，その後の各年度の交換高を基準年の交換高に対する百分率で表した。

　バブソン・チャートの妥当性を検討してみよう。まず，現代的な視点からは，採用された系列は景気変動の中核をなすような統計には見えない。しかし，歴史を遡れば，銀行信用関係，貿易関係，物価指数等が循環変動していたという事実がある。時々の経済の正常的な大きさを示す指標の作成方法は明確とは言いがたいが，実際のチャートを見てみると，例えば実質GDPの趨勢値（トレンド値）をグラフ化したもののようにも見える（図4-1）。つまりバブソン社の統計的研究法は，現在のGDPギャップの推計に近いように思われる。マクロ経済学でいう景気変動を，GDPではなく景気

[†5] 米国の大手信用調査機関ダン&ブラッドストリート社は，1933年，ライバル同士だったR.G.ダン社とこのブラッドストリート社が合併して誕生した。

関係指標で表現したものと言えよう。

　下図で，XY線（直線）は事業が恐慌なしに無限に進行しうる場合を表す近似線である。XY線を超えて景気面積が現れるとやがて恐慌が起こり，事業界は近似線以下に降りることになる。つまり，XY線の上に景気面積が現れるときは好況期であり，それが大きいほど，その反動として次に来る不況期の面積も大きくなる。不況期が大きいということは，景気が落ち込む程度が大きいということだから，恐慌が発生している可能性がある。また，不景気の面積がそれに先行する好景気の面積にほぼ等しくなる前に，XY線の上方に面積が生じるなら，その回復は短命なものとなる。「谷浅ければ山低し」ということである。

　バブソン統計社の景気予測法は，何種類かの景気指標を組み合わせ，景気変動を傾向線（近似線）からの乖離の程度で把握し，乖離している部分の面積の大きさで，その反動分としての拡張あるいは後退の大きさを予想しようとするものである。好況期と不況期を識別する一つの方法であり，その種のものとしては恐らく最古と考えられる。

図 4-1　バブソン・チャート（部分）

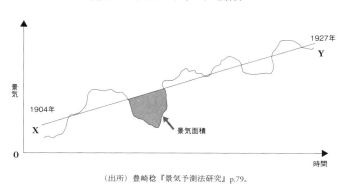

（出所）豊崎稔『景気予測法研究』p.79。

② **ハーバード景気指数**　　1917年，米国ハーバード大学経済研究所のW.M.パーソンズの主導で開発された景気指数である。景気変動のメカニズムについては何らの理論的仮定を置かず，純粋に経験的にデータを扱う方法を採った。具体的には，1903年以降の50個の統計データの中から23個を選んでインデックスチャートを作り，それに含まれる典型運動を，それぞれ数理統計学を使って抽出し（指数化），各指数間の関係を経験的に決定した。23個のデータは次の通りである。ニューヨーク市内の手形交換高，銑鉄生産高，同市外の手形交換高，ブラッドストリート社による卸売物価指数，輸入高，建築許可額，鉄道会社総収入額，ニューヨーク証券取引所取引出来高（株数），USスティール社注文残高，入港船舶トン数，10種の鉄道会社債券の利回り，ブラッドストリート社による事業破産指数，4～6月払い商業手形割引率，2～3月払い商業手形割引率，コール利率，労働統計局物価指数，工業会社配当金支払高，工業株平均相場，東部諸州の新創設会社の株価，20種の鉄道株の価格，ニューヨーク市内の銀行の貸出高，同じく準備高，同じく預金額。

　これらのデータは「原数値」であり，その中にトレンド（T），循環（C），季節（S），不規則（I）の各変動要因をすべて含んでいる。そこから循環変動の部分を抽出し，最終的に17個の指標を比較する。パーソンズはそこから次のような計算式を導き出した。

景気指数＝
（原統計観測値－季節正常指数×長期傾向値）／長期傾向値×季節正常指数

　この式の解は，原数値（T・C・S・I）からトレンドと季節要因を除去し，

1を引いたものと等しい。残るのは循環変動と不規則変動である。なお，長期傾向値は最小二乗法と移動平均法で求めている。

　計算結果からパーソンズは，景気変動の1周期過程を，不景気期→回復期→繁栄期→金融逼迫期→産業恐慌期の5段階に区分した。

　確かにこの考え方は，何らの理論を措定せずにただ経験的研究法によって景気変動のメカニズムを明らかにしようとしたものに違いない。その点でバブソン統計社の方法とは異なる。このように統計を用いて経験的に景気変動を把握する方法は現代でも用いられており，ハーバード景気指数はその先駆とも言えるのではないか。理論は景気変動の様々な局面を説明するために用いればよいのであって，現実の景気の波を捉えるには統計を見るべきというのが，この立場の考え方である。景気変動の研究者の最大の貢献が「景気は波打ちながら変動している」ことを明らかにしたことにあるのなら，それを実際に検出して予測に役立てることは最重要の課題に違いない。

　もちろん，批判もあった。この方法は，景気循環の周期及び様式は一定であるという考え方に基づいていると解釈されたことから，ドイツの経済学者E.ワーゲマンは「景気は機械的に循環するものではない」と批判した。ワーゲマンは後述するように，自ら独自の実証研究も行った。また，採用されたデータが流通部門に限られており，指数の応用性が低いとの批判もあった[†6]。さらには，独占企業が増え，生産が拡大して景気が良くなっても商品の価格が変動しないことが明らかになると，ハーバード景気指数は予測に適さなくなったとの批判も出た。現代においては，一般的に価格は景気変動を観測する際の適切な指標とは言えなくなってきている。ハーバ

[†6] これは資本主義の本質が生産過程にあることから来る批判であり，私もバブソン統計社の採用系列に関しては同様の所感を持った。

ラーも，価格と名目額が同程度に上昇・増加するとは限らないとしている。これは景気変動の観測において，実質値や数量で表された指標を重視すべきという主張と解釈できる。なぜならば，ハーバラーは物価や名目額は社会の物的な発展を示す指標ではないと主張しているからである。

③ **ドイツ景気研究所の景気指数** 　ハーバードと同様の統計的方法をとりながら，さらなる工夫を施したものである。基本的には，やはり特定の理論を前提とすることなく，純粋に数量的な方面からのみ景気を評価しようとするものである。手法もハーバードと大差ない。しかし，経済の発展段階が違えば，たとえ同種の統計データを用いたとしても，景気循環には異なる意味が生じることを勘案すべきとした。この研究所の指導者が先に触れた E.ワーゲマンである。

経済には景気要素と構成要素がある。景気要素は周期的・循環的に変動するが，構成要素は変動しないか，したとしても一時的である。後者はいわば構造的な要素とも言えよう。まず，経済の静態的状態を把握する必要がある。財貨については生産と消費の均衡，貨幣については所得と支出＋節約の均衡である。さらに，貨幣の流れとして，所得を価格や生産費と等しいとした。

同研究所では，バロメーターとなる8個の統計指標に基づいて景気指数を抽出し，その指数間の動的関係についてパターンの発見に努めた。8個の指標は次の通りである。生産（注文高，原料輸入高，生産額，就業状態，完成品輸出高），生産財産業及び消費財産業の就業者数，庫入り庫出し高，貿易収支，事業経営状況（長期信用額，注文高，就業状態），信用（発券銀行貸付高，為替取組高，貸付高及び預金高，公社債及び株式の発行高），市場状況（物価変動，証券市場の変動，金利の変動），物価（景気の動きに敏感に反応する商品の価格，工業原料及び半製品の価格，工業完成品の卸売

物価指数，小売物価指数）。

　つまり同研究所の手法は，景気を事業活動の方向及び大きさで前期と比べるというものであった。企業の活動に重点を置いたのは妥当な判断と言えよう。景気変動論の研究史から見れば，景気とは，私企業の活動から発生し，経済にその影響が広がっていくものと考えるのが妥当だからである。ワーゲマンらは上記の統計分析を経て，沈滞期，好景気化期，最好況期，転落期に分類した。特に，企業活動から景気の波状運動が起こることを強調している。

　④ **W.C.ミッチェルの実証研究**　　ミッチェルは 1920 年に全米経済研究所（NBER）を組織し，1945 年まで会長を務めた。NBER は景気循環の実証研究で知られている。近代国家が経験する「経済的運命」をよりよく理解するため，歴史上の景気循環をできるだけ精密かつ統一的に観察する必要があるとした。

　ミッチェルは景気循環を,正常な経済状態あるいは均衡からの乖離とか,それへの復帰であると見なすような議論は，正常とか均衡といった状態が観察できない限り，何らの助けにならないと切って捨てている。また，そもそも観察といっても，サイクル的な動きが経済内から発生するのか，外的要因によるものなのかを見定めることは不可能であるとも言っている。

　ミッチェルについて語る際，欠かすことができないのはその景気変動の定義である。極めて有名な定義なので，ここで紹介しておきたい[†7]。われわれは，後でもう一度この定義に立ち戻らざるをえなくなる。なお，以下のミッチェルの言葉は「景気」ではなく,「景気変動」の定義であることを念押ししておく。

---

†7　以下，前掲『景気循環』（春日井薫訳）を適宜参照したが，文脈に応じて訳を改変した箇所がある。

「景気変動は，主に民間企業の活動で構成される各国のマクロ経済に見られるあるタイプの変動〔循環〕である[†8]。その変動は，①多種多様な経済活動においてほぼ同時期に起こる拡張，②それに続く後退，③収縮，④次の循環の拡張に続いていく回復，という4つの局面から成る。この一連の変動は，繰り返し生ずるが〔規則的だが〕，定期的ではない〔周期的ではない〕。この循環は，一つのサイクルの長さが1年以上・10～12年である。このサイクルは，同様の様相を持つより短期のサイクルに分割することはできない」（〔　〕内は引用者補足）。

　この定義にたどり着くまでにミッチェルが行った検証作業を紹介しておこう。その目的は以下の二つであった。

　ⓐ　いかなる経済活動が，1年以上・10～12年以内で拡張・後退・収縮・回復の繰り返しを示すかを解明する。

　ⓑ　種々異なる経済活動のそれぞれのサイクルが，動きの方向，山頂点と谷底点のタイミング，拡張と収縮の存続期間において，いかに相互に関連しているかを知る。

　ミッチェルはここで，財貨生産，建設事業，運輸，通信，卸売及び小売における物価，商業及び製造業の売上高，製造から流通までの各段階で保持される在庫，外国貿易，労働時間，賃金率及び雇用，個人所得，企業の利益または損失，新規事業の形成，貯蓄と投資，証券取引高，利子率，通貨，銀行業及び商取引の総額などを観察した。分析はできるだけ月次データに拠った。年次など期間が長くなると，読み取りに間違いを生じる危険があるからだ。つまり，景気変動を見る際は短期的な動きが重要になる。用いたデータの数は，米国972系列，英国141系列，ドイツ84系列，フラ

---

†8　原文は次の通り。Business cycles are a type of fluctuation found in the aggregate economic activity of the nations that organize their work mainly in business enterprises.

ンス 80 系列であった。当時の先進資本主義国を対象としたわけである。

　これらのデータの中からサイクル的要素を抽出するにあたっては，季節変動を調整した後の数値をグラフ化し，山から山，谷から谷の期間を測って「1 年以上・10～12 年」という波動が検出されるかを検証した。なお，ミッチェルは前述の通り，一つの循環を構成する局面を当初は 4 つに分けたが，最終的には谷から始まって谷で終わるサイクルを 1 循環とし，谷から山までを「拡張」，山から谷までを「収縮」とした。また，ミッチェルが 1 循環の長さを 1 年以上・10～12 年としていることから，キチン循環とジュグラー循環を想定していることは明らかであろう。

　膨大なデータを用いたミッチェルの検証作業は，問題意識からして，理論の検証というよりも波動（循環）の検出に力点が置かれている。これを捉えて，当時は「理論無き計測」と批判されたという。その理論なるものが何を指しているのかにもよるが，景気変動の研究者はもともと古典派経済学など正統派の経済学とは一定の距離を置いていたことを忘れてはならないであろう。ミッチェルが選んだ指標の一つ一つに，景気変動要因に関する理論の蓄積が活かされているのではないだろうか。例えば，彼が冒頭に挙げた財貨生産や建設事業などは，過剰投資説の指し示す結果がどこに現れるかを考えれば，理論が使われていないとは考えられない。

　ミッチェルの業績は後世の景気変動の観測実務に多大な影響を与えた。共同研究者 A.バーンズは，ミッチェル著『景気循環』緒言に次のような主旨の緒言を寄せている。

1）上下への変動が景気変動のすべてではない。景気変動は商業取引，金融などに広く分散している。
2）景気変動を理解しようとするなら，主として民間企業によって動いて

いる経済システムの動き方を理解しなければならない。景気変動がいかにして生じているのかという問題は、資本主義経済がいかに機能しているのかという問題から切り離すことはできない。

　3）私たちの経済は、均衡に向かって動くのではなく、サイクル的な動き方をしている。

　4）ミッチェルは、従来支配的であった印象論に代えて、事実と測定の重要性を示した。

　われわれは、景気変動は資本主義の息吹そのものであることを想起すべきである。景気の後退もまた、資本主義経済につきものの現象なのである。景気が良くなると、一般的には社会にとって望ましいことが増えるが、悪くなることにもそれなりの意義がありそうである。

　ともあれ、景気変動論は、第二次世界大戦後までには景気の波を計測できるようになっていたということになる。

第2節 ❖ ケンブリッジ学派の経済変動論

　年齢的にはA.C.ピグーやJ.M.ケインズよりも若いD.H.ロバートソンが、ピグーの勧めで『産業変動の研究』を公刊したのは25歳のときであった。ここでは、ピグーとロバートソンの景気変動論を、ロバートソンの理論によって振り返ってみよう[†10]。

---

†10　以下、本節の内容については、菱山泉『近代経済学の歴史』(講談社学術文庫、1997年)、伊藤宣広『現代経済学の誕生』(中公新書、2006年)、下平裕之「D.H.ロバートソンの経済変動理論：初期の発展とケインズの影響」(『一橋研究』19(4)、1995年5月)を適宜参照した。分かりにくい用語については、私なりの解釈を加えて平易にした部分がある。

ロバートソンは上記の本を著すにあたり，ピグーから，景気変動の問題を貨幣に影響されずに実物のみから追求するよう助言されたという。景気変動の問題の根底にはまず実物的要因があり，それは貨幣的要因から独立させて考察できるというのである。ただ，W.C.ミッチェルはこの方法について，確かに貨幣的表面の下で進行しているものを分析する必要はあるが，それは貨幣が表すものを詳細に分析することによって得られなければならない，と言っている。初期のロバートソンは，いわゆる「古典派の二分法」に執着していたとされている。

　さて，ロバートソンはまず，個別産業の変動をもたらす要因を需要側と供給側に分けた。そして供給側には過剰投資をもたらす投資の懐妊期間，つまり投資の意思決定が行われ，資本財の生産に着手してそれが稼働し始めるまでの経過時間が存在することにより，その間に需要側の状況が変化してしまうことを重視した。

　例えば，いまある産業の生産物の交換価値が増加したとする。それにより投資を増やす誘因が発生する。同業他社の動向について完全な情報は得られないので，その産業を構成する各企業の生産量がどれくらい増えるのかは分からない（情報の不完全性）。つまり結局，産業全体の生産量（市場供給量）は結果としてしか分からないことになる。市場の需要量と同じだけの供給量になるという保証はない。ここで各企業は，自社の生産物の交換価値（価格）が上昇したことを受けて行動するのであるから，生産量（供給量）は増加する可能性が高い。これが過剰投資に導くことになる。また，投資は不可分性を持つことから，一定の生産能力を機械設備の形で工場に設置すると，需要が減少した場合に生産能力の過剰が発生しやすい。つまり，**機械は1台でカウントするのであり，2分の1台という数え方はできない**。この典型例として鉄道がある。莫大な投資を必要とするし，そうで

なければ経営としては意味がない。しかし，利用客が増えていくかどうかは不確実である。このように，需要を充たすためにその需要の大きさに沿って生産を増減することが不可能なケースが存在する。

　ロバートソンはここで，需要の変動要因として流行，戦争，関税，農業収穫等の要因を指摘する。具体的な景気変動については，不況からの回復に重点を置いた。

　結局，回復に導くのは生産性の上昇である。生産性の上昇を招く要因は，生産費用の減少，産業間の需要弾力性の違い（工業における1以上の弾力性），資本財の限界効用の増加である。

　ロバートソンによれば，変動は偶然の外的要因によってのみ引き起こされるのではなく，拡張の時期がいわば崩壊の種を蒔く。これはジュグラーの「恐慌の原因は非常な好況である」という指摘と似ている。景気の回復が始まるのは，生産費用が減少するからである。また農業収穫が増加する場合も，基礎的な原材料価格の低下から生産費用が減少する。発明によって生産性が上昇することもある。多くの産業で使用されるような資本財が発明により新たに製造されれば，需要を呼び，その規模が大きければ生産費用の減少につながるからである。

　農業との関係では，ロバートソンは独特な分析を行った。実物的波及過程の分析である。工業と農業という異なる産業間の関連から生産・消費を考えるもので，それぞれの生産物の交換比率の変動により総産出量も変化することを重視する。仮に農業生産物に対する工業側の需要の弾力性が1より大きい場合，農業生産物の工業生産物に対する相対価格が低下するならば（農業生産物に対する工業生産物の交換価値の増加），工業部門では農業生産物を獲得しようとして相対価格の低下よりも多くの労働が投入され，生産量が増加する。農業の豊作が工業生産量の増加を導くことになる。こ

の弾力性が 1 より大か小かで生産量が増加するか減少するかが決まり，それは産業の生産量がリズミカルに変動することを示唆している。つまり，弾力性が 1 という事態は偶然にしか起こらないのである。

その他にも，多数の資本設備の意外な減耗がある。これは，更新投資の必要がまとまって出てくれば，資本財の生産が増加し，景気の回復につながるということである。新たな産業的フロンティアの発見，発明による資本財の期待生産性の上昇なども考えられる。

また，資本財の限界効用は，ロバートソンの景気変動論で重要な役割を有する。ロバートソンは特に，発明により期待生産性が高まることを重視した。資本財の限界効用は消費財のそれに比べて移ろいやすいとロバートソンは考えている。資本財の期待生産性自体が推測に依らざるをえないからである。そしてその推測は，消費財の限界効用に比べて資本財の限界効用を大きく変動させる。資本財需要の増加が景気回復をもたらすことになる。

一方，景気後退は生産性の低下による。これにより資本財の限界効用に関する確信が揺らぐ。その原因として生産費が増加したり，農業部門に対する工業部門の有利さが消滅したり，生産期間が長期化することにより消費財ストック（貯蓄）が不足することなどが挙げられている。ここで消費財とは経済全体の所得に等しい概念であって，現在消費と将来消費（貯蓄）とに分けられる。両者の異時点間の理想的な配分ができないということ自体が，過剰投資に陥っていることを意味しているのである。

以上のようなロバートソンの景気変動論は，後で見る実物的景気循環論と似ているのではないかという向きもあるだろう。確かに，実物的ということも同じであり，一見似てはいる。しかし，実物的景気循環論は完全競争の仮定を厳密に置く理論であり，価格による瞬時の需給調整，市場の失

敗がありえないとする点，金融政策の無効（政府介入否定）などを旨とする点でロバートソンの主張とは大きく異なる。ロバートソンの景気変動論は実物面に注目したものであるが，それは現代の景気変動を見る観点とも共通している。貨幣的要因が景気変動に振れをもたらすという主張も，いわば正統的と言える。

第3節❖マクロ経済理論的な経済変動論

　ケインズが『雇用・利子及び貨幣の一般理論』で示した有効需要の原理，乗数理論，流動性選好理論等は静学的な理論であった。つまりそれらは，時間が経過していくことを捨象していた。時間の経過を考慮に入れた動学的な理論は後継者たちの仕事となった。この節ではそのうち，P.サミュエルソンと J.R.ヒックスによって考案された，マクロ経済の変動を表現する理論を紹介しよう。

　ミッチェルが定義した景気変動は，マクロ経済に見られるあるタイプの変動（循環）であったことから，景気とはその「あるタイプの変動（循環）」を見せるデータを意味していると考えるほかはない。ここで誤解すべきでないのは，これはミッチェルが言っているからというのではなく，われわれがここまで見てきたことに基づいているということである。景気変動論の研究者たちは，資本主義経済の初期段階から，工場の中で展開していた活動を景気の原動力（良くも悪くも）と考えてきた。その結果が経済全体に様々なルートで波及していくことは容易に想像できる。しかし，その結果，マクロ経済の姿がどうなろうと，その姿そのものは「景気」ではない。これがここまでの検討結果であった。

　それでは，ケインズ型の経済変動理論はどのようなものなのか。

投資の増加は乗数過程を通じて，その乗数倍の国民所得[†11]を増加させる。この国民所得の増加は，加速度係数倍の投資増加を呼ぶ。こうして投資が誘発される。その投資増加がまた，乗数過程を経て国民所得を増加させ，国民所得増加がさらに投資を誘発する。つまり，投資を乗数効果の側面だけから捉え，経済変動を有効需要の観点から分析している点に特徴があると言えよう。

　ところで，乗数過程とは次のような意味である。例えば，民間企業のどこかで新規に投資が行われる。その投資額は投資財産業の所得となる。投資財産業の所得が増加すれば，それに限界消費性向をかけた分だけ消費が増加する。その消費が向かった先の消費財産業の所得が増加し，また消費が増加する。それでさらに消費財産業の所得が増加する。この過程が続いていく。これを無限等比級数の和として捉えれば，当初の投資増加から発生する所得の増加が計算できる。

　この所得の流れを式で表してみよう。Iは民間投資，Cは民間消費，Gは政府支出，Yは国民所得を表す。αは限界消費性向（国民所得1単位増加がもたらす消費の増加）である。tは時間を表す。式にtが出てくることで動学的理論であることが分かる。

　ΔI_tはΔY_tとなり，消費増加$\Delta C_t = \alpha \Delta Y_t$，$\Delta C_{t+1} = \alpha \Delta Y_{t+1} = \alpha^2 \Delta Y_t$（∵ $\Delta Y_{t+1} = \alpha \Delta Y_t$），$\Delta C_{t+2} = \alpha^3 \Delta Y_t$，……と続いていく。初項$\Delta Y_t$で，公比が$\alpha$の無限等比級数であり，その和は$\frac{\Delta Y_t}{1-\alpha}$となる。この$1/(1-\alpha)$は乗数と呼ばれる。ここで，$\Delta i_t = \Delta Y_t$に留意してほしい。

　サミュエルソンの経済変動論では，消費が1期前の国民所得に依存する。また，政府支出Gが導入される。

[†11] 国民所得（マクロ経済学では記号Yで表される）とは，GNP（国民総生産）から固定資本の減耗分を差し引き，そこからさらに間接税を引いて補助金を加えたものである。

$$Y_t = C_t + I_t + G_t \quad (1)$$
$$C_t = \alpha Y_{t-1} \quad (2)$$

　民間投資はその期の民間消費の変化に比例して決定される。なお，（2）はケインズ型消費関数と呼ばれる。

$$I_t = \beta (C_t - C_{t-1}) = \alpha \beta (Y_{t-1} - Y_{t-2}) \quad (3)$$

　上記の β が加速度係数である。
　（2）と（3）を（1）に代入して整理すれば，

$$Y_t = G_t + \alpha (1 + \beta) Y_{t-1} - \alpha \beta Y_{t-2} \quad (4)$$

となる。（4）において，係数 α，β の値が不変であると仮定すれば，この式（2階線形非同時定差方程式）の解の性質を調べると経済変動の型が分かる。そして国民所得は政府支出の $1/(1-\alpha)$ 倍の水準に漸近していくか，その水準に減衰振動的に収斂していくか，その水準を中心とする発散振動を繰り返すか，発散するかのいずれかである。ヒックスは，現実の経済は発散型に相当すると考えた。そして，それが景気変動の型をとるのは，完全雇用などの天井にぶつかり，下方への変動を起こすからだと考えた。
　サミュエルソン＝ヒックスの経済変動理論は，消費の増加により誘発される投資の国民所得創出効果に着目したものであり，いったん投資が増加すると，それがさらなる投資を誘発することになる。高度成長期に典型的に観察された「投資が投資を呼ぶ」という現象の説明としては大変フィッ

トしている。また，消費の変化に比例して投資が行われるという定式化にも，納得できるものがある。

しかし，結論として得られる経済変動のタイプが，ある特定の経済水準へ向けての収斂的な動きか発散的な動きかの選択でしかないのは，ミッチェルの研究成果の一つでもある「景気変動はある均衡点への動きではなく，循環変動の連続である」という趣旨には合っていない。ケインズ型らしく需要が経済活動の起動力となっており，投資がそれに呼応して消費を刺激し，さらなる投資を誘発する。そこでは，個々の企業の投資が予想を下回って実現した消費を超過し，過剰生産となるという景気変動独特のメカニズムが勘案される余地がないように見える。ここでは消費の変化分と比例的に変化する投資が予定されているのである。

また，投資の動機に関する疑問もある。能力増強投資の割合が低下している日本などでは，消費の増加があっても全体としての投資の増加につながる可能性は低くなる。省力化・更新などの投資の割合は高まっており，主たる投資の動機といえばこちらである。そうすると消費動向との関係は，加速度係数で結ばれるほど密なものではない。

サミュエルソン＝ヒックスの理論は，かつての日本の高度成長期の「投資が投資を呼ぶ」状況の説明には適していると考えられる。しかし，低成長の状況にある国の経済変動論としては説明力が弱いと言えよう。

G.ハーバラー『景気変動論』の訳者の１人である松本達治は，邦訳版の後書きで，景気変動論の分野では戦前理論と戦後理論の間に著しい断層があるとしている。しかし，むしろ戦後理論を，正統派経済学とは交わることの少ない道を歩いてきた本来の景気変動論と見なすことが適切ではないのであって，正統派経済学との断層は昔から変わらないということではないだろうか。また，松本は，戦後の循環理論の発展の方向が，モデルの彫

琢という面では数々の功績を残しつつも，貨幣的要因や部門間のアンバランスの問題を軽視しすぎて，現実の景気循環との接触を失っていることは否めないと指摘している。そして，経済学がますます実証研究を重視する傾向にあるのに，これはきわめて奇異な事実であるように思えるとも言っている。われわれは，ここにいう「経済学」と景気変動論は交わらない道を歩いてきたことを知っているので，それが奇異ではないと考えることができる。松本は，戦前期の景気理論の復位が考えられてよいのではないかと述べているが，少なくとも実務上は，戦前期の景気理論は立派に生きているのである。もちろん，私も松本が言う通り，戦前期の景気理論を踏まえた景気観測が行われるべきであるとは考えている。

第4節 ❖ 新古典派的な景気変動論

次に新古典派的な景気変動論を見てみよう。それは実物的景気循環論（RBC［Real Business Cycle］理論）と呼ばれるものである。

この理論では，経済主体が合理的期待形成のもとに行動すると仮定する。家計は実質賃金率を考慮して労働供給を決定する。市場は完全競争のもとにある。実質 GDP の変動は実物面からの持続的なショックによるものであり，RBC 理論という名前の由来もここにある。この理論においては，われわれがこれまで見てきたような将来予想の誤りは存在しない。合理的期待形成のもとで価格は速やかに調整される。

その場合，どういう結果になるか。一定期間持続していた企業の採用する技術にショックが発生する。ショックの典型例は，例えば何らかの革新的な技術の採用である。また，政府支出が急増・急減すればそれもショックとなろう。家計は，期待生涯効用関数の最大化を目的として，各期の消

費と労働供給を選択する主体として表すことができる。

　技術面に生じた一時的なショックは，すぐに生産性を上昇させる。するとそれが企業の設備投資に対する需要を増加させる。GDP も増加する。これは比較的短期の増加である。消費は平準化動機が働くため増加せず，今期の貯蓄が増加する（利子率に対して右下がりの設備投資曲線と右上がりの貯蓄曲線を想定せよ。設備投資曲線も貯蓄曲線も右にシフトする）。同時に設備投資も増加する。

　技術ショックが持続的であれば，投資曲線は右にシフトする。しかし，GDP の増加が将来も続くと予想されるので，今期の貯蓄は一時的なショックのときほどは増えない。来期も GDP が増えるなら，消費を平準化しようとする動機は薄れる。利子率が上昇して貯蓄を増加させる効果と平準化が薄れ，貯蓄を抑制する効果が等しいとすると，貯蓄曲線は動かない。すると利子率はさらに大きく上昇する。設備投資も増加している。

　技術ショックが雇用に与える影響はどうなるか。生産性が上昇することから，労働の限界生産性が上昇し，企業の労働需要の増加，実質賃金の上昇が生じる。

　一方，上述の検討から利子率が上昇するが，これは将来の賃金の割引現在価値を低下させるため，現在における労働供給の増加につながる。将来における労働供給よりも，現在における労働供給のほうが有利になるからである。実質賃金率に対して右上がりの労働供給曲線と右下がりの労働需要曲線を考えると，両曲線とも右にシフトするため，労働需要と労働供給が増える。雇用労働力の水準が増えるため，GDP が増加する。

　この理論によれば，金融政策の変更の効果はない。それが合理的期待形成仮説の結論でもある。アウトプットの変化は生じても，すぐに均衡するので，常に「パレート効率的」な状態である。そこに政府の政策介入は

新古典派的な景気変動論の一事例

ガス自動車への超過需要が発生
↓
他の企業者の参入
↓
新製品の生産増加で資本財の需要増・価格上昇
↓
古い製品の企業者の生産費も増加，資本財企業の収益増加
↓
ガス自動車のショックが波及
↓
労働力需要増加・賃金増加
↓
他の財への需要増加
↓
景気上昇
（以前の均衡は破壊された：創造的破壊）
↓
徐々にガス自動車の超過供給発生
↓
ガス自動車の需要が山を越える
↓
価格下落・収益減少
↓
新規設備への投資減少・生産減少
↓
景気後退（場合によれば恐慌）
↓
旧い企業家は困窮（ガソリン車が急速に売れなくなったから）
↓
新企業家は借入金の返済開始・流通貨幣量減少
↓
景気は一層後退
（市場では，崩壊した均衡を再建する力が働き始める。
安定した価格のもとで，需要と供給が均衡に向けて動き出す）

必要ないことになる。

　総需要・総供給分析から導かれるのは，完全雇用 GDP からの乖離としての景気変動であるのに対して，RBC 理論では市場が常に均衡しており，均衡水準そのものが常に変化しているということになる。

　これに対する主な批判としては，技術ショックの内容が分からないとするものがある。景気拡張期のショックは想像できるが，後退期のショックが想像できない。また，利子率の変化と労働供給の変化との関係は理論通りではないとする批判もある。

　ところで，企業への技術ショックが景気変動を引き起こすと考えるのは RBC 理論だけではない。J.シュンペーターの景気変動論でも，その主要因は技術革新である。これをショックと呼んでもいいのではないか。シュンペーターによれば，企業者が「新結合（イノベーション）」によって現在の均衡から新たな均衡へと経済を動態化させることで，景気変動が発生する。その過程を，事例を用いて略述すると以下のようになる。ただ 1 人の企業者のイノベーションで，従来主流だったガソリン車に代わってガス自動車が制作され，市場に出てきた。ガスは相対的に安価とする。

　以上が J.シュンペーターの景気変動論の骨子である。これを見て，RBC 理論と似ていると感じるのは私だけではあるまい。均衡から均衡に移っていくことを景気変動と見ているのも相通じるところがある。しかし，瞬時に価格が調整され，常に均衡が成立するという RBC 理論とは異なり，発生する事象を現実に即して描写してあるという印象を受ける。加えて，シュンペーターの言う「均衡」は新古典派のそれと異なり，「停滞」あるいは「沈滞」に近い概念であることを忘れてはならない。

　シュンペーターの景気変動論そのものは，後世にインパクトがあったとは言えない。それは RBC も同じであろう。単に新古典派理論の神髄を合理

的期待形成仮説で武装しただけと言えばそれまでである。違うところは，シュンペーターの「イノベーション」という用語は，時代を超えて現実社会で必須概念となったのに対して，RBCはおそらく何らの影響力ある概念も残さなかったということではないだろうか。ただ，実物面で景気変動を捉えようとするのは間違っていないというのが景気変動論の立場である。

❖重要事項の確認❖

①1. ミッチェルの景気循環の見方

W.C.ミッチェルは景気循環を，民間企業を中心としたマクロ経済に見られるあるタイプの循環的変動と見なした。ミッチェルによれば景気循環とは，多種多様な経済活動の同時進行的な様相，つまり拡張，後退，収縮，回復のことである。実証研究の結果，この4局面は拡張と収縮の2局面に修正された。そしてその一つの周期は1年以上・10〜12年とした。ミッチェルはキチン循環とジュグラー循環を意識したものと見られる。

①2. 戦前期の景気理論の意義

戦後の正統派経済学がモデル的な精緻化を進めたことについて，景気変動論の立場からは，むしろ戦前の景気変動論の復権を求めるべきとの見解もある。しかし実際の景気変動観測には，景気変動論のこれまでの知見が活かされていると考えられる。その典型は景気動向指数や景気基準日付である。

①3. ロバートソンの景気変動論

正統派経済学に属する研究者のうち，興味深いのはD.H.ロバートソンである。彼は不況期から回復していく状況を生産費の低下に求め，その結果として生産性が上昇していくことを重視した。期待生産性が上がれば，投資の限界効用が上がり，投資財需要が増加するところに景気の回復が始まるとした。

問題

1. W.C.ミッチェルは、景気変動には拡張・後退・収縮・回復という 4 つの局面があるとした。この見方を実際に景気変動の観測に用いる場合の問題点を説明しなさい。

2. P. サミュエルソンの乗数理論と加速度原理を組み合わせた経済変動論の一部は以下のような式に書くことができる。
   （Y＝国民所得，I＝民間投資，C＝民間消費，t＝時期）
   $I_t = \beta (C_t - C_{t-1})$
   $C_t = \alpha Y_{t-1}$
   ある経済において、t-2 期の国民所得が 100 で、t-1 期の経済成長率が 5％であった。α＝限界消費性向＝0.8, β＝加速度係数＝1.5 とする。
   ① 国民所得の均衡が Y＝C＋I のとき、独立的な民間投資が 100 増加したら、国民所得はいくら増えるか。この場合、時間の変動は無視してよい。
   ② t 期における民間投資はいくらか。

3. 次の文章の正誤を判断し、○か×で答えなさい。
   ① RBC 理論によれば、景気変動は完全雇用 GDP からの乖離として表すことができる。
   ② RBC 理論の新古典派的性格は、結局経済の活動水準を決めるのは供給側であるという点にある。
   ③ J.シュンペーターの景気変動論におけるイノベーションという用語が RBC 理論の技術ショックに似ているとしても、RBC とは価格の調整速度が違っている。

4. D.H.ロバートソンによる「資本財の限界効用」概念と、A.C.ピグーの心理説との関係を説明しなさい。

第5章　景気とは何か

【本章のねらい】

　景気変動論の研究者たちが資本主義の黎明期から注視してきたのは，一国経済全体に影響を及ぼすようなある種の循環的な変動であった。それでは，その循環的な変動とは，経済のどの部分に現れるのであろうか。

　景気とはマクロ経済の水準ではないとしたら，何の水準なのか。A.バーンズが言ったように，景気変動を研究することは資本主義の機能を研究することと同義である。したがって，資本主義成立で何が変わったかということから再検討する必要がある。重要なのは自由な競争が行われるようになったということ，すなわち自由な資金調達，自由な労働力の売買で資本蓄積が進み，生産力が飛躍的に拡大したという事実である。工場制度の成立で財の生産の場が工場となり，そこに労働力が雇われるようになった。工場主，つまり企業者は，自らの判断において投資を行い，利潤獲得に邁進した。利潤が発生したのは，作った財が市場で売れたからである。労働者が引き続き雇われたのも，作った財が市場で売れたからである。作ったものが売れるから，労働者も所得を得ることができた。利潤の極大化を目指す企業者は，売れるから生産する。これからも売れそうだから投資をして生産力を増強し，将来の生産を増やして機会を失わないように努める。労働者は生産に参加し貢献するから賃金を得るし，雇用もされる。

　そこで，景気とは何であろうか。

第1節❖過去の研究から景気を考える

　本論に入る前に,「景気」という用語の語源について, E.ワーゲマンがその著『景気変動論入門』[†1]で言及しているところを紹介しておこう。

　景気という言葉の語源はラテン語にあり,中世星学（天文学の旧称）に端を発する。星学では星座と同じ意味に用いられていた。つまり,その時々の星相互の位置を意味した。また,星座は季節によって移ろうものである。17世紀にはすでにこの言葉は日常生活に転用され,まもなく商業用語に転じて事業の盛衰を意味するようになった。星が一定の諸法則に従って離合するのと同様に,経済的諸現象も一定の法則性に従って交互錯綜する。個々の経済現象はそれだけで孤立しているものではなく,総体としての経済の変動との関係からのみ理解し得る。

　これが景気という語の語源であるが,極めて重要なのは,景気が民間企業の仕事の繁閑に関わるということである。ここでは,経済活動の結果を政府部門も含めて概括的に見ることは,景気の語源とは相いれないとだけ言っておこう。

1▶ 資本主義経済のエンジン部

　資本主義経済のエンジンはどの部分なのか。景気変動はどうして生じるのか,どこから生じるのか。そして,それがどのように経済の各部門に伝わっていくのか。こうしたことを研究するのが景気変動論である。

　正統派経済学は,方法論的個人主義を旨とし,「経済人」というモデルを

---

†1　萩原謙造・望月敬之訳,南北書院, 1932年。

設定して，すべての経済主体が自らの満足を極大化するために行動するものとした。完全競争のもとでは，企業は市場で成立する価格を受け取って，それを与件として行動する。しかし景気変動論では，価格の調整力にそれほど信頼を置かない。均衡には関心がなく，経済は上下に変動しながら動いているものと見なし，その動きを決めるのが景気であるとする。景気は経済の中に広がっていくが，経済全体そのものではない。マクロ経済学の関心とはこの点で異なる。マクロ経済学が経済変動という場合，GDPの変動を意味しているが，景気変動論では変動とはマクロ経済に見られるあるタイプの循環変動であり，経済全体の変動を指してはいないのである（ミッチェルの景気循環の定義の解釈）。

　景気変動論の人々の様々な見解を見ると，投資に重点を置いているのに気づく。投資とはまず，設備投資のことである。そのとき，いわゆる投資財の需要が注目される。

　投資財とは，厳密には資本財（生産に用いる機械類）と建設財である。その影響は短期的には生産量の増加に出る。目前の投資財需要に応えるためである。しかし，設備投資の影響は短期的なものばかりではない。設備投資がなぜ注目されるかというと，その増加が生産能力の増加を通じて近い将来の生産量の増加を意味するからである。少なくとも企業者はそのつもりで投資を行うはずであろう。ではなぜ企業者がそのつもりになったかといえば，近い将来までは自社の財が売れるという見通しを持ったからである。売れそうにないもののために借金し，その返済リスクを背負ってまで設備投資をすることもない。

　しかし，一方で設備投資は，過去の売上実績と生産実績のギャップを意識しながら行われる行為でもある。言い換えれば，過去の需給を調整するためにも設備投資が行われる。そして，その調整の結果と将来の需要見通

しをあわせて考慮することで設備投資の量が決まる。この過程で過剰生産や過少生産が発生する。これが景気を創り出すのである。

　設備投資の過剰・不足が競争の中で発生せざるをえないことが資本主義経済の宿命なのであれば，設備投資の過剰・不足はその影響を経済全体に及ぼしていく一つの原動力ではあるが，それが端的に現れるのは生産活動の水準である。生産水準は企業者の自社製品に対する需要見通しと密接に関係する。足元までよく売れているときは，企業者は強気になる。この強気が過剰投資をもたらす。そしていったん設備投資が行われると，設備投資循環の1周期が10年として，上昇局面がその半分とすれば，4〜5年の間は生産量は上振れする。もちろん生産抑制してもよいが，設備投資の資金を社外に求めた場合は，その返済も視野に入れる必要があるので売れると見れば生産量を増やそうとするであろう。しかし，この循環は更新投資の期間に対応しているという説が有力である。とすれば，生産能力増強・生産量拡大とその反動という道筋が自明であるとも言えない。また，設備投資を行うかどうかの判断に，生産能力と生産実績が大きな影響を持つことも否定できない。さらに，設備投資を行うための資金力はその企業の利潤とも関連する。この点で，設備投資は生産に遅れるという性質を有している。このため，実際の景気観測においては，設備投資を遅行系列として扱っているのである。

　このように，設備投資は過去と未来の要因に影響されるので，景気の現在を見る指標としては難しさもある。ただ，投資財の生産が動くことは確かであるから，その生産に関連する指標は景気変動の重要なデータとなりうる。

　同じ投資でも，在庫投資は短期的な生産活動水準と密接な関係を持っている。第3章第1節で述べたように，売上をキャッチして在庫投資を増や

す局面であれば，商機が発生している。商機を逸しないためには，製品の出荷要請が途切れることがあってはならない。在庫を補塡するために生産が増加する。生産が増加すれば，労働者の雇用・賃金が増える。生産に必要な原材料・中間財等を生産している他企業からの出荷も増える。当該企業のみならず他企業の利潤も増える。こうして拡張的な影響が経済に広がっていく。その間，積極的な在庫積み増し（意図的在庫増加）が見られる。やがて売れ行き（出荷）が鈍り始めると在庫が滞留し，その水準が上昇していくようになる。出荷は減少し続け，在庫は積み上がる（意図しない在庫増加）。そこで出荷への対応は在庫の圧縮で行うようになり（在庫調整），生産は抑制される。こうして景気後退の動きが経済に広がっていく。この在庫投資が変動要因として景気変動に占める重みは圧倒的に大きい。われわれは今後も繰り返し在庫投資に言及することになるだろう。

　景気変動論の歴史を顧みると，私企業（民間企業）の生産活動に焦点が当たっていることが分かる。企業の自由な，あるいは一部の論者によれば「無政府的な」投資行動によって，企業の活動水準が変動する。まさにそれが景気変動にほかならない。景気に影響を与える要因は単一ではない。貿易や経済政策等も大きな影響力を有するであろう。しかし，景気の具合は企業の活動状態と同義なのである。これを概念として狭すぎると考えるかどうかは措くとしても，資本主義経済のダイナミズムを起こしているのが企業の活動であることに異論がない以上は，企業の生産活動の調子がすなわち景気にほかならないということになろう。そして，これがワーゲマンの景気の語源についての解説にほかならない。

　経験則として，GDP 成長率が 2 四半期連続でマイナスとなったら景気後退であるということはよく知られている。欧米の専門家がよく使うようだが，日本でも緩い形で言及する人がいる。景気を GDP で見る誘惑に駆ら

れるが，これはまさに結果論的な経験則なのであって，GDP が景気を表しているわけではない。GDP には政府支出も含まれるし，在庫変動は時として逆方向で解釈されうる。つまり，在庫の増加は常に付加価値の増加，在庫の減少は常に付加価値の減少というのが GDP の解釈であるが，景気変動論では，意図せざる在庫増加を来たるべき景気後退の予兆，在庫調整による在庫減少を来たるべき景気回復の予兆として解釈する。また，輸入は控除され，景気と逆方向に計上される（輸出を説明する変数で最有力なのが輸出仕向け国の景気であることを想起せよ）。

ちなみに，米国では正式な景気基準日付は，生産指数，雇用者数，実質所得，小売売上等で決定され，GDP で決められてはいない。いまわれわれが問題としているのは，これまでの研究に基づいて厳密に考えれば景気とは何か，どこを見ればよいのかということである。GDP は，政府部門も含めた一国の経済活動全体のパフォーマンスを示す最も包括的な指標である。しかし，それは景気変動の結果として推計されるものであり，J.シュンペーターが言うように，「本当に存在するのは循環そのものなのだ（Real is only the cycle itself.）」。

一方で GDP は，企業活動の結果，付加価値がどれだけ生み出されたかがその大きな割合を占める。その意味では GDP と景気は大いに関係があるが，設備投資，家計消費，住宅投資などは生産活動の結果を受けて動く性質があり，景気との一致性は薄い。また，付加価値の部分は，生産活動の成果ではあっても，生産水準自体を正確に示していると考えることは難しい。要するに，少なくとも景気の現状を考える場合，かなり限定的な範囲の指標を注視したほうが適切だということである。もっとも，限定的ではあっても，企業の生産活動と密接な関係を持つ指標は狭義の生産ではなくても十分考慮する必要がある。なぜならば，景気は経済の各部門に影響

が広がっていくという性質を有しているからである。

2▶ G. ハーバラーによる景気観測のための基本的基準

　G.ハーバラーはその著『景気変動論』で，景気をどこで見るのかについて議論を展開し，それを「基本的基準」として明記している。この著書は景気変動論に関する包括的な名著であり，ここでその要旨を整理しておきたい。

　ハーバラーは同書の「景気循環の定義と尺度」と題する第9章でこの問題を扱っている。不況期の反復や恐慌の問題は，そのような動きを包括している景気循環（景気変動），すなわち経済体系全体に影響を及ぼす波状運動というより大きな問題から切り離して論じることはできない。ここで，われわれは景気という事象が，全体としての経済体系，つまりマクロ経済そのものではないことを改めて確認することができる。「マクロ経済に影響を及ぼす波状運動に関わる経済の構成要因」が景気なのである。

　つまり，景気とは何らかの経済活動に関する概念であるわけだが，その経済活動が何を意味しているのかが問題である。まず，経済活動の度合いまたは強さが計測可能でなければならない。次にその測定方法については，投入量か産出量，すなわち注入された努力もしくはそれによって得られた成果のいずれかによって測定されねばならない，とハーバラーは言う。

　こうして選ばれた系列が「雇用と生産」であり，ハーバラーはそれらを基本的基準と呼ぶ。しかし，雇用・生産基準が十分信頼に値する形で計測されるかどうかは保証できない。その場合は，雇用・生産の変動傾向や大きさを鋭敏に反映すると考えられる他の統計系列を補助的に用いる必要がある，としている。基本的基準である生産の指標としては鉱工業生産指数が採用されている。また，補助的な系列とは，手形交換高，銀行預金，価

格系列，輸送数量，倒産件数等である。ハーバラーもやはり，資本主義の特徴である「自由な判断による生産活動」に景気の定義を求めている。工場で労働力が投入され，生産が行われることが経済活動である。われわれが普段やや曖昧に経済活動と言う場合，景気に関しては雇用・生産を意味しているのである。

第2節 ❖ 景気変動観測の実務

　前節では景気をどこで見るべきかについて考えたので，本節では実際に景気変動がどのように観測されているのかについて見てみたい。われわれはこれを，日本の観測実務に沿って見ることにしよう。

　景気変動，つまりマクロ経済に見られるある種の循環変動をどう捉えればよいか。前節の結論に即して言えば，雇用と生産が基本となる。このうち生産は，制度の影響をほとんど受けない。もちろん，ある種の財の生産に数量規制がかけられるといったことはありうるけれども，それは社会的な要請があってのことであり，通常見られることではない。生産水準の決定は，普通は企業の自由な判断に依存している。

　一方，雇用は必ずしも企業の自由な決定に任されているわけではない。企業に対する労働者の立場は弱い。政府が関与しなければその地位は不安定である。労働者の団結権等が憲法で保障されている所以である。それを根拠に雇用法制が定められている。雇用法制の性格は国によって異なる。単純化して言えば，レイ・オフ等の解雇が比較的柔軟にできる米国の法制に比べ，日本のそれは（いまのところは）解雇が難しいと言えよう。その意味することはかなり重要である。すなわち，雇用関連指標と生産の相関性が米国では高く，日本では低い。こうした違いは賃金所得にも波及する

のであって，雇用の変動が鈍ければ，所得の変動への波及も鈍くなる。労働力の需給関係が変わりにくい場合，賃金も変わりにくいというのが経済学の示すところであろう。したがって，日本では賃金・所得も生産との関連性は弱いということになる。いずれにしても，生産が行われてはじめて雇用が発生することは否定できない。この意味においても，企業の生産が景気を最もよく表していると考えることができる。

　また，労働市場については，参加する経済主体の行動（特に企業のそれ）を規制することで初めて成立するという認識が正しいであろう。つまり，そこでは「競争」が第一義とは考えられていない。だから，景気変動とも連動しないという性格が強く出ることもある。

　ここで，賃金所得について少し補足しておこう。例えばトマ・ピケティは，その著『21世紀の資本』において，景気循環と賃金所得の関係について触れている[†2]。ピケティによれば，好況時には国民所得の中の利潤の割合は増加する傾向があり，資本と労働の分配率は資本に有利に働く。さらには，賃金の中でも最上位の労働者の賃金とその他の労働者の賃金の格差は広がる。一方，不況時には，様々な非経済的要素，特に政治的要素が作用するので，景気循環のみで説明することはできない。ピケティの見解からも，賃金所得と景気変動の関係は自明のことではないと言えよう。

　そこで，景気変動の観測は実際にはどのように行われているのかを見てみよう。旧経済企画庁（現内閣府）が公表してきた「景気基準日付」が，日本の景気観測実務の代表例である。これにより景気の「谷」と「山」が決められる。そして「谷」の次の月から「山」までが「拡張局面」とされ，「山」の次の月から「谷」までが「後退局面」とされる。さらに，谷→山

---

†2　山形浩生・守岡桜・森本正史訳，みすず書房，2014年，p.299。

→谷が一つの循環と見なされる。

　われわれの関心は，景気基準日付の設定の基礎をなす景気動向指数の評価にはない。しかし，それがハーバラーの言う「基本的基準」を満たしているか否かという観点から概観する価値はある。

　日本の景気動向指数は次の2種類が作成されている。景気動向を量的に把握するためのCI（Composite Index）と，多様な経済指標の変化を総合的に捉えることで景気局面を把握するためのDI（Diffusion Index）である。CIが公式の数値である。

　CIは（DIも），先行指数，一致指数，遅行指数という3種類の指数を持っている。このうち景気の現状を示すのが一致指数である。諸外国や国際機関では先行指数に関心が集中している感もあるが，それはマーケット関係者の関心であって，景気変動をどこで見るのかというわれわれの関心にとっては，圧倒的に重要なのは一致指数である。

　一致指数を構成する系列は，鉱工業指数4指標，商業動態統計2指標（小売販売額と卸売販売額），雇用関連では所定外労働時間指数と有効求人倍率，全産業の営業利益，中小企業出荷指数である（2016年7月時点）。どの系列を用いるかは，一つの循環が確定すれば見直されるものの，傾向として大きな変動はない。なお，中小企業出荷指数は，以前は価格×数量の名目ベースであったが，現在は実質ベースに変更されている。ワーゲマンに従えば，景気に関する指標は「名目よりも実質のほうが望ましい」のである。

　さて，これをハーバラーの「基本的基準」に照らしてみると，どう評価できるであろうか。

　鉱工業指数（4指標）と中小企業出荷指数は，いずれにせよ生産に関係する指標であり，それが50％を占めている。商業動態統計（2指標）はサービス業の生産に近い指標と言えるのだろうか。まず，卸売業は製造業に

近いので確かに生産段階に近い。一方，小売業は製造業からは遠く思えるが，近年では流通経路の短縮で製造業と直結する場合が増えている。その点で生産段階と距離が縮まっていると言えよう。全産業の営業利益は生産と直結する。利益は生産が行われて初めて生まれる。所得も同様だが，ここでは明示的な所得の指標は使われていない。ただし，所定外労働時間（調査産業計）が入っている。これは所定外賃金ではない。やはり，所得指標は採用されていないのである。労働投入に近い指標であることから，これは雇用関連と理解すべきであろう。残る有効求人倍率は雇用関連指標である。

われわれが生産というとき，製造業のそれを想起することが多いが，本来はサービスも「生産されるもの」である。ハーバラーの言うようにそれが正確に計測しうるなら，景気観測に加味されることが望ましい。商業動態統計や全産業の営業利益が含まれていることから，観測にあたりサービスも勘案されていると考えることができる。

こうして検討してみると，日本の景気動向指数は，ハーバラーの言う基本的基準，すなわち雇用・生産基準を十分満たしていると評価される。ただし，後述するように，雇用関連の指標には問題があると思われる。いずれにしても，景気の正確な把握のためには財・サービスの生産のデータが必要である。さらに，生産周辺のデータが豊富に整備されるのが望ましいことも，改めて言うまでもない。景気は私企業の利潤獲得活動の水準に関する問題であることを忘れてはならないであろう。

米国などいわゆる先進国では，製造業のアウトプットが経済全体に占めるウェイトが低下していることをもって，工業部門の生産に不信感を表す向きもある。しかし，工業部門は中間投入も多く，そのアウトプットは非工業部門にとっても必需財であることが多い。経済を動かすにおいて

は最重要部門なのである。われわれは，今日米国が依然として世界最大の「モノづくり国」であることを知っている。金融部門が「市場の効率性」仮説とほど遠い行動をとった結果，世界的な金融恐慌を引き起こしたが，この国が世界経済をリードしているのは最も進んだ製造業を有するからであるという評価はいまだ少なくないのである。もちろん，サービス部門のアウトプットを把握する努力は必要である。直接的に把握できればそれに越したことはないが，容易ではない。上述した日本の景気動向指数で，間接的に全産業を網羅した調査産業計としてサービス部門をも含む系列が用いられているのはそういう趣旨であろう。

　この節の最後に，簡単な実証分析を行ってみよう。

　製造業と非製造業の関係を，二つの系列を用いて定量的に考えてみる。一つは，日銀の「全国企業短期経済観測調査」（通称「短観」）[3]の製造業と非製造業の業況判断 DI（大企業）の時差相関係数[4]を計算したもの，いま一つは鉱工業生産指数と第3次産業活動指数の変動係数（前出 p.56 と同じ手法）を比較したものである。

　まず日銀短観は，生産活動の現場で業況つまり仕事の繁閑をじかに聞いて作成された統計であることから，生産そのものに近い。一般には，非製造業は製造業に遅れて動くと言われる。また，公表データを見れば明らかなように，製造業のほうが変動は大きい。すなわち，製造業のほうが動きが鋭敏であり，景気変動を表す指標として適切であることを示している。経済全体に浸透していくだけの「動き」を示していなければ，景気指標としての資格がないのである。

　定説通り，製造業に遅れて非製造業が動くとして計算された時差相関係

---

[3]　日銀のサイト（https://www.boj.or.jp/statistics/tk/index.htm/）で見ることができる。
[4]　ある変数にタイム・ラグを付け，他の変数との関係の程度を測る手法。

数を見ると，1期遅れが 0.87 となっており，2期遅れが 0.72，3期遅れが 0.56 であった（2008 年 6 月～2015 年 12 月のデータ，以下同）。逆に非製造業が先行すると仮定し，時差相関係数を計算すると，順に 0.76，0.53，0.32 となり，明確に関係が薄れている。つまり，製造業が先行するという仮説は否定できそうにない。ただ，同時に動くとした場合の相関係数が 0.92 と最も高くなっている。これは生産活動というものが，製造・非製造を問わず同時に動く可能性を示唆している。それなら，非製造のほうがウェイトも大きいのではないかと考える人もいるだろう。しかし，グローバル化時代の貿易が国内景気に及ぼす影響は甚大であり，その点で世界の潮流を受け止める指標として製造業のほうがより重要視されていることも確かである。その例が，製造業購買担当者景気指数（PMI）の盛行と言えよう。

次に，鉱工業生産指数と第 3 次産業活動指数の変動係数を見てみよう（本書執筆時点の直近の景気の谷以降ということで，2012 年 12 月～2015 年 11 月を採った）。結果は鉱工業生産指数が 2.09％，第 3 次産業活動指数が 0.74％と，前者が後者の 3 倍弱であった。これは計算期間に依らず，前者が大きくなるものと思われる。中間財をより多く使用することや，非製造部門の顧客でもあることを勘案すれば，鉱工業のほうが経済へのインパクトが大きいのは当然かもしれない。また，産業連関表的に言えば，最終需要の動きにより大きく反応するのは鉱工業である。つまり，景気指標としては鉱工業あるいは製造業のほうが，景気の動きを鋭敏に捉えると言えよう。もちろん，非製造業も生産活動を行っているわけだから，その動きも勘案できるよう，「全産業」を視野に入れるのは正しい選択である。景気動向指数の中核をなす生産関連指標はその多くが鉱工業指数から選ばれているが，それで十分であるとも言える。上述した製造・非製造の同時性もそれを支持するものと考えられる。

第3節❖景気変動観測の留意点

　景気変動論の歴史と成果を踏まえれば，景気動向指数は注目すべき性格を備えている。また景気動向指数には，各系列の前月からの動きを総合したCIの他に，DIも含まれている。CIは単月のみの動きで基調を評価することを避けるため，2種類の移動平均を用いている。加えて生産段階に近い系列を採用していることから，信頼に足る指標と思われる。ただし，各系列のウェイトは同じであり，その点で実態から歪みが生じるかもしれない。急いで付け加えるが，各系列に恣意的なウェイトを付けるともっと歪むかもしれない。各系列は一つの循環が終了するごとに見直され，循環性やタイミングが再検査され，動きが鈍くなったと判断された系列は外される。新たな系列に代わる場合や，同系列でも水準から前年比へ変更となる場合などがある。適当な系列がなければ，系列数が減ったままとなることもある。
　様々な系列が入っているのは，ミッチェルの定義にあるように，景気が経済全体に波及していくという見解に沿ったものである。ただこの場合，採用系列の動きに構造的な変動要因が影響しているときは注意を要する。
　一例を挙げると，雇用関連の系列の中には，人口減少（少子高齢化）や雇用制度の変化などの影響を受けて変動するため，指標として疑問が出ざるをえないようなものがある。例えば有効求人倍率である。生産年齢人口の減少が長く続いていることや，経済の極度の停滞から雇用形態が大きく非正規化してきている実情を勘案すると，かなりの影響を受けているはずである。有効求職者数には生産年齢人口の減少により下振れ圧力がかかり，介護のように景気変動と逆行する傾向を持つ部門を含む有効求人数は上振

れ圧力のもとに置かれる。

　したがって，雇用関連の系列に全面的な信頼を置くことはできない。われわれは，景気動向指数の数値に一喜一憂する前に，構成系列の景気変動との親和性に十分な注意を払う必要があるだろう。

　留意すべきもう一つの点は，二つの局面を規定する「経験則」である。局面として認定されるには最低5か月間の拡張・後退期間が続かなければならないことになっている。その根拠は過去の経験則である。また，1循環として認められるためには，谷から山，そして次の谷までが15か月以上でなければならない。

　固定相場制時代は，国際収支が赤字になると金融引締めで景気が後退するという傾向が見られた。その結果，後退期は比較的短かったと評価されている。また近年では，政府の景気対策も，景気が基調として緩やかに回復しているという判断のもとで行われることもある。

　このような事情に鑑みれば，景気後退に対する我慢度はかなり低下していると言ってよいであろう。それで後退期も短くなる。そこで，3か月継続すれば後退期として認めることも視野に入れてよいのではないかと考えられる。ただ，低下幅の問題がある。これは過去の平均低下幅を基準にすればどうであろう。

　景気変動を観測する場合は，CIのみならず，DIも重視すべきではないか。生産の場の調子が直接関連する分野に広がり，経済の中で循環変動するという意味では，良い動き，悪い動きの経済への浸透具合を確認することは必要である。また，その意味で，CIがメインで公表された後に，DIで景気基準日付を付けていることは，むしろ妥当ではないだろうか。もちろん，CIで付けることに反対するつもりはない。ただ，景気変動の定義からすると，DIも併用したほうが適切と思える。

景気変動観測は客観的に行われなければならない。景気の山・谷を「機械的に」付ける必要がある。こう言うと「実情を無視して」と誤解する人もいるようだが，それは全然違う。機械的というのは，一定の経験則に基づいてデータの季節変動と不規則変動を除去し，山・谷を付けた後，経済全体への同方向の広がりの程度を測ることを指す。この観測姿勢は，これまでの景気変動論の研究成果を十分に踏まえていると言えよう。

　ところで，前述のようにハーバラーは経済活動を表現する指標として，雇用・生産を「基本的基準」とした。雇用関連は先に見たように単純な評価ができないので措くとすると，残るは生産基準である。そこで，鉱工業生産指数，鉱工業生産者出荷指数，鉱工業生産者在庫指数，鉱工業生産者製品在庫率指数等で生産の基調を見るとともに，出荷・在庫の関係や在庫率の動きから生産の動きを予測する作業を通じて景気変動の現状を見ながら，景気動向指数と比べてみることは極めて有意義であろう。鉱工業生産指数は製造業にほぼ近いが，サービス部門は含まない。その点，景気動向指数ならサービス部門も含む系列を採用している。ただし，川下の影響を反映して大きく動くのは生産関連であり，川上からの中間投入も多い。それだけに景気をよく表すということが言えるのである。

　このように，景気変動論の立場からは，景気動向指数や鉱工業生産指数が景気観測に最も適した指標であることは疑いのないところである。

　ところでもう一つ，景気動向と関係が深い経済指標に，先に触れた日銀の短観がある。特に大企業製造業の業況判断は，景気の現状を表す指標として重視されている。四半期に1度公表されるが，10〜12月の状況を11月下旬まで調査し，その結果を12月中旬までに公表するといったように，常に最新情報を提供している。また，景気変動の震源地たる企業に直接聞いてまとめた指標だけに貴重である。近年はこの種の意向統計が内外で重

視されるようになっている。答える人によって判断が異なったり，その結果を見た企業内の人との違いを調整するうちに実態と乖離する恐れもなしとはしないものの，やはり生産の現場に近いというのは魅力がある[†5]。

　最近，こうした「意向統計」の中でも，企業の購買担当者に業況などを聞いてまとめた指標が脚光を浴びるようになっている。いわゆる製造業購買担当者景気指数（PMI：Purchasing Managers' Index）である。新興国を含む主要な国については，英国の調査会社マークイット（Markit Economics）が公表している。例えば中国についても，景気指標としてこのPMIがいま最も注目を集めている。この指標は鉱工業生産の先行指標に当たるという評価が定着しているからである。一部の国についてはPMIに先行する指標も存在しており，鉱工業生産に半年先行して動くとされている。こうした状況を見ると，景気変動論の「景気」概念にこの上なく忠実な指標が熱視線を浴びているわけで，誠に喜ばしい。

　なお，マークイット社によるPMIと景気の関係の捉え方は非常に興味深いので，ここに紹介しておきたい。企業の生産活動は，新規受注／新規事業，生産高／事業活動，雇用，購買数量，受注残，サプライヤー納期，購買コスト，製品価格／サービス単価，の順に動いていく。景気拡張期には，新規受注等の増加から生産が増加し，雇用も増加する。原材料需要が増加するので購買数量が増加することになる。結果として経済成長に弾みがつく。やがて供給能力の制約が発生する。納期が長くなってくる。人件費・原材料費が増加する。コスト増加が価格に転嫁され，顧客の負担が増える。

[†5] 外国の経済指標としては，これまで四半期GDPが重宝され，景気の指標ともされてきたが，その根拠は定かでない。まさかとは思うが，様々な統計や指標を精査するのが面倒だからGDPに頼ってきたのだろうか。先に触れたように，GDPは景気変動の結果であって，景気観測にはあまり役立たない。

製品価格が上昇し，売れ行きが鈍る。これが景気後退につながり，結果として経済成長が鈍化する…これは，まさに実際の生産活動を活写したものとも言える。

さて，波を打って変動するという景気の特徴から，景気の局面転換の予想や，より幅広く日本経済の先行き予想（運命論的な色彩が濃いが）に観測結果を用いる人もいる。それは一つの使い方ではあるが，この世界では昔から繰り返し主張されてきたある種の法則のようなものが存在する。

何度か触れたように，かつてジュグラーは「好況は不況の唯一の原因である」と言った。つまり「山高ければ谷深し」であり，逆に「谷深ければ山高し」ということである。また，前章でバブソン統計社の景気指数を紹介したときに，それを物理学の反動の概念を用いて説明したことを想起してほしい。好況期の景気面積が大きければ，不況期の景気面積も大きくなる。好況期の反動としての不況期の景気面積が，好況期のそれに比べて小さいうちに回復し，以後好況期に入ったとしても，その好況は短命であるというのも，谷が浅いうちに反転すれば上昇もそれなりで終わるということを意味する。

これは景気観測の実務上，大変よく知られている「法則」である。これを現実の観測データから検証してみよう[†6]。

M.A.ウインとN.S.バルケは，米国の鉱工業生産指数を用いて，リセッション（後退）後の回復を次のように簡単なモデルで回帰分析している。

$$(Y_{t+12} - Y_t) / Y_t = \alpha_0 + \alpha_1 (Y_t - Y_p) / Y_p + \alpha_2 (T - P) + e$$

[†6] M.A.Wynne & N.S.Balke, "Are Deep Recessions Followed By Strong Recoveries？," Research Paper No.9201, FRB of Dallas, Feb. 1992.

被説明変数は景気の谷（全米経済研究所［NBER］が設定）からの鉱工業生産の回復率，右辺第1項は山から谷への鉱工業生産の低下率（マイナスの符号で入る）と景気後退期の月数である。推計期間は1919年1月から1991年12月までである。この推計結果は，まさに「谷深ければ山高し」を示している。

　われわれも，このモデルを踏襲して日本のデータで検証してみよう。鉱工業生産指数を使うが，利用可能な長期時系列の月次データは1978年以降のみで，1977年以前は四半期のデータしか採れない。したがって1978年以降を推計期間とした。**表**5-1がその結果である。

　リセッション率は10％水準で有意だが，リセッション期間は有意でない。また，全体としてのフィットもいま一つ良くない。かなりラフな形であれば「谷深ければ山高し」と言えそうであるが，リセッション期間が効いていないというのは興味深い。景気対策の頻繁な発動で，後退期が政策的に短縮されている結果が出ている可能性もある。

表 5-1　日本の景気後退と景気拡張の関係（1978年以降）

定数項	後退率*	後退期間	$\bar{R}^2$
0.064（1.226）	−0.415（−2.133）	−0.001（−0.246）	0.258

（注）R2=0.443，DW=1.832，P値は左から0.266，0.077，0.814。
＊：t値10％水準有意。

❖重要事項の確認❖

①1. 景気とは何か

　景気とは，企業の仕事の盛衰である。政府や消費者の動向を見ていても景気は分からない。

　では，どこを見れば分かるのか。企業の生産活動である。生産活動とは，企業が生産するために投入する生産要素，特に労働力（つまり雇用）と生産そのものを意味する。

①2. 経済指標として，景気を最もよく把握できるものは何か

　それは鉱工業生産指数，景気動向指数，日銀短観の業況判断（特に大企業製造業）である。昨今世界で注目されている製造業 PMI は，生産活動を追跡した指標であり，景気指標として重要視されて然るべきである。

①3. 景気と雇用の関係性

　生産はともかく，雇用については国によって景気との関連性の強弱は異なる。日本は両者の関係が簡単に理解できない状況にあり，雇用指標の景気との一致性には疑問を付さざるをえないデータも出てきている。

問題

1. 以下のデータの第4期における3期後方移動平均値を表す式を書きなさい。

   第1期　a_1
   第2期　a_2
   第3期　a_3
   第4期　a_4
   第5期　a_5

2. 景気動向指数 DI（Diffusion Index）の計算方法を調べ，それが意味することを述べなさい。

3. 景気に関する次の文章の正誤を判断しなさい。

   ① 景気を表す統計なり指標が一義的に存在しているわけではない。

   ② 景気は民間企業の経済活動ではなく，家計の消費活動の観点から考えるべき概念である。

   ③ 政府も景気対策を通じて景気変動に関わっているのだから，政府の経済活動すなわち増減税や公共投資などの動向も，景気そのものを構成する要素である。

   ④ 近年は企業担当者に業況を直接聞いて作成する指標が世界的に注目される傾向にあるが，この指標は企業の生産活動の先行指標として利用される場合が多い。

   ⑤ 物価に関する指標は，景気の現状を表すものとしてはあまり使用されない。

第6章　現代の経済と景気

【本章のねらい】

　景気という用語の使われ方は，かなり混乱している。
　前章で見たように，景気変動論の研究史に鑑みれば，GDPを景気の現状判断に用いる風潮には疑義を挟まざるをえない。例えば，四半期GDPが前期比マイナスを示し，政府支出のみがプラスであった場合，景気の実態はGDPの悪化よりもさらに悪いと判断すべきである。これは，景気というものが民間企業の生産活動の状況を表すものである以上，当然の考え方である。
　また，景気は消費者の実感とも乖離している可能性がある。これには何ら不思議はない。景気は本来，企業の生産・雇用に関する概念であるから，それが消費者の消費活動に影響すると考えるのは無理もない。しかし，消費者が感じる景気とは結局のところ，賃金・所得の動向である。そして賃金・所得は，消費者が何らかの生産活動に従事しなければ得ることができないものである。生産活動と消費の間には所得分配という営為があって，国によっては賃金・所得が生産活動の結果を100％反映して動くとは言えない場合がある（ちょうど近年の日本のように）。すると消費者の実感は，しばしば景気の実態とは関わりが薄くなる。そうなると，たとえ政府が「景気は緩やかに回復している」と言っても，消費者はその実感がないということになる。
　景気は誰もが日々目にし，耳にする用語である。恐らくわれわれが最も頻繁に遭遇する経済用語でもあろう。それだけに，厳密に定義された状態で議論しなければならない。適当な定義では困るのである。
　確かに，景気は良いほうがいいに決まっている。だが，いつまでも好況が続かないことは，本書をここまで読んだ読者には自明のことと思う。景気は必ず悪くなる。景気が悪いときには，企業はその生命力を試されている。生命力のない企業は倒産し，市場か

ら消えなければならない。それが資本主義のおきてというわけである。

　景気後退から不況への過程においても，将来を託すべき企業の選別が行われる。資本主義には資本主義の欠点が多々あるが，この点は健全なメカニズムと言える。いまや数えるほどしか存在していない「社会主義国」(そのほとんどは市場経済を導入しているが)の経済システムには，これを望むことは難しい。

　消費者はより高品質の商品をより安価に買いたい。企業はできるだけそういう商品を安く作って高く売りたい。そうすることによって，社会全体の厚生（あるいは便益，ないしは余剰）を最大化することができる。それを媒介するのが，市場で成立する価格である。競争市場の需給均衡をもたらす価格が社会の厚生を最大化するというのが，資本主義経済の考え方である。

　しかし，その場合，均衡価格のもとで取引に入れなかった消費者や企業はどうなるのだろうか。企業は市場から退出し，新たな市場に参入するか，廃業するか，または同じ市場でより安価に生産できるように戦略を練り直すかであろう。一方，消費者は，高価すぎて買えないからその商品の購入をあきらめるのが合理的な行動ということになる。取引に入れず失業したり，その結果困窮した人々に対しては，社会保障のネットが張られる。資本主義下ではそのときも，事業ないし生活の再建後は自由な競争に再び加わり，経済厚生の最大化を目指すことが要請される。

　はじめから競争のない取引に進歩はない。経済が発展することで初めて人々の幸せが実現する。何もしなくてもみんなが幸せになる「桃源郷」は絵空事である。これが正統派経済学の主張であるが，いまのところ現実に照らすとこの主張は間違いとは言えないであろう。

　さて，19世紀初頭あたりに確立したとされる資本主義経済システムは，その後変貌していく。最も重大な変貌としては，銀行信用が企業の資本蓄積（投資）の資金として生産力を高めることに利用されていた段階から，投資など実物経済と直接の関連を持たないマネー・ゲームのような取引が席巻する段階に至ったことが挙げられよう。様々な証券が持つリスクを組み合わせて新たな派生証券が作られ，世界中で売られ，リスクが分散されていく。そこにはもはや，景気変動とは無関係な貨幣の流れがある。この新たな段階の資本主義は，どういう景気変動に見舞われるのだろうか。それは資本主義初期に見られたような恐慌とは違う病に襲われるのだろうか。

第 6 章

第 1 節 ❖ 景気を厳密に定義することの重要性

　資本主義経済に景気変動はつきものである。
　われわれの経済は景気変動から逃れることはできない。ケインズ派の理論は，財政金融政策を用いて景気変動を均すことは可能とするが，それも景気変動の発生を前提としている。もちろん，経験から言っても，マクロ経済政策により景気後退期に総需要を増加させる政策を発動し，その結果後退期間を短縮することは可能である。景気後退期間が傾向としては短くなっていることからも，政策の効果は出ていると言えよう。
　しかし，景気とは何なのかを正確に捉えることなく政策を発動すれば，政策の純便益はマイナスになってしまうのではないか。景気変動の「浄化作用」を減殺してしまえば，本来の政策実施コストに加え，将来得られたかもしれない便益まで失われてしまわないだろうか。景気後退には，非効率的な企業の市場からの退出を促し，新たな技術の採用などの好影響を経済にもたらす機能があるというのが，景気変動論の主張でもある。景気の定義についてはすでに前章で扱ったので繰り返しは避けるが，ここでは景気対策（counter-cyclical policy）の根拠とされがちな，マクロ経済学が言うところの景気変動について検討してみよう。
　マクロ経済の総需要・総供給で言えば，景気変動は潜在 GDP の周りの総需要の上下への乖離で表現される（次頁 図6-1）。
　この図で景気変動を理解しようとすると，いわゆる好況時には常に潜在 GDP を超えた総需要水準が実現されねばならないことになる。ここでも，GDP は景気変動の結果得られた付加価値合計の評価と考えるほかないであろう。並み居る先進国を見回しても，低下した潜在成長率の推計値を上

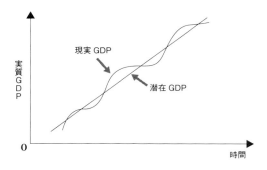

図 6-1　マクロ経済の成長と変動

回ることもできないような国ばかりというのが現実である。一方，日本のように，ほぼ常に潜在 GDP を下回り続けてきた国の景気はいつでも不況ということになる。しかし，例えば成長率 1% 程度なら不況であったし，2% 程度なら好況であったということは当然ありうる。やはり，仮定を含む大まかな推計値である潜在 GDP のような基準を用いて景気変動を論じることには無理がある。

　また，マイナス成長であっても，政府の景気判断は「緩やかな景気回復」ということはよくある。マクロの需給ギャップがプラスになれば即，好況とでもいうのだろうか。潜在成長率自体も変動するのであって，いずれにせよ相対的な推計値にすぎない。そのような指標を基準とし，その周りを景気変動とすることには疑問がある。それは W.C. ミッチェルが批判した，「正常」あるいは「均衡」を恣意的に措定する行為と似通っている。実際，この考え方で景気観測が行われているわけではないのだが，潜在 GDP を用いた景気判断はいかにも根拠が薄い。「景気」を資本主義経済の原動力と捉える景気変動論の立場からすれば，何とも貧弱な景気概念に基づく考え方だと言わなければならない。

　確かに，景気が後退して不況期となれば，資本設備にも労働力にも遊休

部分が発生する。それは一国経済にとって無駄と言うこともできる。しかしこの考え方は，経済は均衡していなければならないという前提のもとに成り立っている。現実には経済が均衡することはほぼなく，上下への変動を繰り返すだけだとする景気変動論においては，それは無駄ではなくむしろ常態であり，採用されている経済システムの必然的な帰結にすぎない。つまり，少し後退気味と見れば，神経質に総需要を喚起しようとすることのほうが，資源の無駄使いにあたる。現実の経済を見れば，均衡という考え方がほとんど机上の空論であると言われても仕方がないのではないだろうか。もちろん，それは理論展開の前提として極めて有効であることは承知の上である。さらに言えば，経済学のために経済があるのではなく（多分に正統派経済学のことを念頭に置いている），経済学は経済にも適用可能な考え方を述べているにすぎないのである。

　景気を厳密に定義することは，資本主義経済における「経済活動」という，曖昧ながら頻繁に使われる用語を，景気の観点からどう捉えるべきかという問いへの解答を提示することにほかならない。われわれはここまで，過去の碩学たちの見解からその解答を検討してきた。それによれば，経済全般の活動水準，つまりマクロ経済の水準を景気とする考え方は，W.C.ミッチェルやG.ハーバラーによって否定されていると言える。マクロ経済の水準を示す指標は，複雑に入り組んだ景気変動の結果もたらされたものであって，景気を示す指標ではないという考え方を採用するのが妥当ではないだろうか。

　ハーバラーは，その著『景気変動論』において，「私は，景気循環という言葉をナショナル・ビューロー・オブ・エコノミック・リサーチ（NBER）〔全米経済研究所〕が用いている意味，総体的な活動水準，もっと正確に言えば，雇用量の変動に由来する産出高の変動という意味に解する」と述べ

ている†1。この用法は、ミッチェルの言う「マクロ経済に見られるあるタイプの循環変動」という定義をさらに進めたものという印象がある。

　ハーバラーはさらに、ミッチェルとバーンズに従って、経済活動の観測可能な変動のうちで最も短期のものを景気循環と定義する。ただし、景気循環でよく引用されるジュグラー循環とキチン循環の併存を見出そうと考えているわけではないとする。ミッチェルとバーンズは、周期が1年以上・10〜12年にわたる循環を景気循環と見なしたからである。ハーバラーの見解は、在庫循環を短期の景気変動の柱とすることを意味している

第2節 ❖ 景気変動の積極的な意義

　J.シュンペーターは、「普通には好況は社会的な福祉と、後退は生活水準の低下と結び付けられている。われわれの描写の中では、そうでなくて、その反対の含意さえある。われわれの意味での好況は、実際、厚生と同意語であるどころではない。また、長引いた『不況』の時代は窮乏と同意義どころではない。われわれは繰り返しこのことを強調しなければならないであろう」と述べている†2。

　このシュンペーターの景気局面の評価をどう考えるべきであろうか。普通はやはり、好況のほうが不況よりも好まれるであろう。しかし、シュンペーターは「不況の時代は窮乏と同意義どころではない」と言っている。現実の経済を思い浮かべながら考えてみよう。まず、かつての不況期は物価水準が下落し、それが実質購買力を下支えして、生活水準の低下を防止

---

†1　邦訳 p.418。
†2　J.シュムペーター『景気循環論 I』(吉田昇三監修／金融経済研究所訳, 有斐閣, 1958年) p. 209。

したことが想起される。好況期については，物価水準の上昇で経済厚生が低下するからよろしくないという意味に取れば理解しやすい。現代では，物価は景気と必ずしも連動していない。後退期と拡張期で物価の変動が理論通りに起きると言うことはできない。その理由もあって，日本の景気動向指数（一致指数）には物価指数は採用されていない。もちろん，物価以外にも指摘することはできる。例えば，好況期に発生しやすい投機熱や，不況期の経営の見直し，技術開発投資などである。不況期の技術革新意欲に関しては，日本政策投資銀行の設備投資動機に関する調査結果を見ても，景気拡張期の最終段階を含む年において研究開発投資の動機がウェイトを下げていることが見て取れる。企業が慢心するか，サボっていると解釈するほかない。よく売れているときは，革新への意欲は衰えるのであろう。

シュンペーターによる景気局面に関する評価は，景気動向がもたついていると感じたら即，景気対策を発動する現代の政府・中央銀行の姿勢に対してくさびを打ち込むものではあるだろう。

では，シュンペーターは景気の自律的な変動についてはどう考えていたのか。シュンペーターは，「好況は不況の唯一の原因である」というジュグラーの主張は，すべての経済理論と整合していると述べる。つまり不況は常に好況から自ずと生じるということである。しかしまた，この自力発生理論は，好況の発生要因は不況期に見られる低金利，少ない在庫量，安価な労働力と原料といった諸条件であって，好況はこれらの条件の自然的産物であることを意味しているにすぎないとする。さらに，この種の論法は，（若干の疑問があるとしても）正常態までの回復の説明には役立つかもしれないが，それ以上のことを説明しえないことは明らかだ，とも言っている。

つまり，不況期に生まれた資本や，労働力および工業原材料の価格，在

庫調整の結果水準が低下した在庫などの条件がその後の景気の回復に資することを認めているのである。景気は自ずから変動し，経済主体，特に企業の新陳代謝を促進すると言い換えてもいいであろう。不況期の物価下落，生産要素価格の低下，少しの刺激があれば積極積み増しに転ずる在庫などが条件として備わっているからだ。そうした恵まれた条件下でも，耐え切れずに倒産する企業，政府の補助がなければ存続できない企業は市場から退出するのが資本主義経済のルールであることは，誰も否定しないはずである[†3]。

　ここで，日本経済の問題点と絡めて上述の内容を敷衍しておこう。

　今後，日本経済が復活して年平均数パーセントの経済成長率を達成するようにならないとは限らない。しかし，われわれの予測は過去および現在の日本経済の状況に影響されざるをえないのであって，それによればどうしても数パーセント成長を前提にすることは難しい。なぜ日本経済は成長できない経済になってしまったのか（いわゆる先進国の平均的な姿として，かなりの低成長が常態であるとはいえ，その中でも日本は最も低成長であ

[†3] 経済評論家の小室直樹はその著『日本人のための経済原論』（東洋経済新報社，1998年）において，資本主義を理解するためには，まず自由市場とは何か，市場原理とは何かを考えなければならないと言う。自由市場の最大の機能は淘汰，すなわち失業と破産にある。淘汰された企業と労働者は市場から退出する。淘汰されなかった企業と労働者だけが市場に残る。これが経済学の根本である。これが分かることを，経済学が分かると言う。破産させるべき企業を破産させないと資本主義は死ぬ。市場を自由にして市場原理を機能させる経済は栄える。規制などを加えて市場原理の作動をさまたげる経済は衰退する。滅びる。これが資本主義の大原則である。情報・流通革命によって世界が一つの市場になること（グローバル化）によって，この大原則は徹底的に貫徹されていく。これは日本経済滅亡の危機であるとともに，大躍進のまたとないチャンスでもある。資本主義は優勝劣敗，弱肉強食。これほど残酷な経済もないが，これほどすばらしい経済もない。以上が小室の見解である。なお，小室は京大で数学，阪大で経済学，東大で政治学を学んだあと，ミシガン大学，ハーバード大学，MIT（マサチューセッツ工科大学）で研究生活を送ったそうである。

る)。R.サマーズの言を借りれば,なぜ近代以降,初めて真の長期停滞に陥ることになったのか。その要因・背景を探るのは本書の目的ではないが,新興国の追い上げや先進国同士の競争で劣勢となっていることは否定しえない事実である。

　もちろん,背景には未曾有の少子高齢化の問題もあるだろう。だが,経済の歴史に鑑みてもあまりに極端な金融緩和をしたにもかかわらず,経済成長率に目立った効果は出ていない。資本主義経済システムでは,政府・中央銀行は傍観者(bystander)であるべきで,競争のメカニズムを最大限に発揮できるような政策的配慮こそ求められる。それが市場を歪めないことにつながる。その結果,景気変動が経済を大きく上下に振れさせる場合には,景気対策(counter-cyclical policy)の出番となる。その際も,景気変動を尊重する必要がある。特に,たとえ景気後退期であっても在庫循環に掉さすことは,ダイナミズムを狂わせることになる恐れがある。いわんや,景気拡張期と考えられる過程で財政出動をすることは,少なくとも財政収支の赤字化や債務残高の累増を悪化させ,将来への禍根を残すことになる。これは停滞経済において厳しい制約要因となってしまう。

　このような状況では,小室の見解を妥当と考えるほかはないであろう。社会主義という選択肢がない以上,資本主義のダイナミズムで活力を生み出していくのが相当である。その場合,企業も労働者も競争の波に呑まれざるをえない。淘汰される企業と労働者が出るであろうが,労働力の移動がスムースに行われるための公共政策と,移行までの所得保障は政府の役割と言えよう。市場のルールに照らして,退出すべきは退出しなければならない。世界が競争で動いているのに,日本だけが引きこもっていては衰退が激しくなるだけである。景気変動論も,競争を旨とする経済システムの研究から生まれたものであり,景気後退期を乗り越えられなかった企業

に対しては退出を求めるのである。

　少し実態的なことを付言するなら，日本の企業，特に中小企業に対して，政府の補助金（実質的なものも含めて）が常態的に支給されていることはよく知られている。業種によっては企業数が多く，過当競争とも言われるが，いわば実質的には競争に負けていても市場に踏みとどまれるところに日本経済の問題点を見てとる論者も多い。こういう論者は，マクロ経済の観点から供給力が過剰であると見ているのだろう。また，政府が新陳代謝促進を目的とした政策を実施することもあるが，その中身は多くの場合，後継者の見つけ方など事業継承のノウハウである。このようなスタンスには批判が多い。いずれにしても，日本の企業は新陳代謝がなさすぎるという意見は枚挙に暇がない。その意味するところは，景気後退・不況にもメリットが存在していて，それを活用することが資本主義経済体制を採っていることの積極的な意義だということだ。われわれはすでに，景気の存在意義に気づいているのである。

　少し視点は変わるが，日米経済を大雑把に捉えると，経済成長率は米国が日本の 2 倍，失業率は米国が日本の 1.5 倍となる。この関係は，理論的には間違った関係である。失業率に注目すれば，日本はもっと高くなければおかしい。これは，労働市場から退出するはずの人がとどまっている可能性を示唆している。景気が悪くなっても，企業には必要でなくなった労働力が溜まったままになっている。企業が新たに雇用するのは多くの場合非正規労働力で，現時点で失業していない人も将来に怯えながら働いているというのが実態ではないだろうか。

　内閣府の推計によれば，2009 年時点で企業内の過剰労働者数は 600 万人に及んでいた。この年はサブプライム・ショックの影響で景気後退が大きく下押しされたので，その後はこの数値も減少してはいるだろう。しかし，

労働政策研究・研修機構の推計では，全産業の過剰労働者数は 2012 年時点でも 400 万人にのぼった[†4]。内閣府の推計による 2015 年初頭の GDP ギャップ（経済全体の需給差と考えてよい）の水準は，2012 年ごろと大差ないので，現在も相当数の過剰労働力が存在しているものと見られる。

　上記の問題に関連して，ワーク・シェアリング政策が提唱されている。失業者を増やさないための政策であり，すでにヨーロッパで実施されている。しかし，ドイツやオランダなど経済が元気な国は，むしろ労働市場により一層の競争を導入する方向に舵を切っている。経済の「閉塞感」が言われる場合，その根底には，ダイナミズムの欠如によって明るさが広がらない状況があるように思う。競争が経済に活力を与えることは，先に見た通りである。グローバル化の中で競争を排して引きこもれば，閉塞感が蔓延して当然である。いまやわれわれは，世界と競争して生き残るのか，座して死を待つのかの選択を迫られていると言っても過言ではない。

　景気変動論と正統派経済学は，これまで決して仲が良くなかったけれども，「競争」こそが経済のダイナミズムを生み，限りある資源の有効活用につながるという点に関しては対立してはいない。また，競争からはじき出された人々のセーフティ・ネットを政府が用意すべきことについても，基本的な見解を異にしてはいない。景気変動論に関して言えば，激甚な景気後退に対して政策的な対応が不要だとは言っていない。しかし，基盤はやはり競争なのである。

　ところで，上述した景気変動の意義や背景に関して，シュンペーターとハーバラーの見解を補足しておこう。

　シュンペーターは景気後退に関して，たいていの人はそれを「判断ミス」

[†4] 同機構『ユースフル労働統計 2014』による。

ないしは「行きすぎ（やりすぎ）」，「やりそこない」と結び付けるであろう，と言う。だがこれでは全く何の説明にもなっていない，とも言う。けだし，おそらく広汎な不況化効果を説明できるのは，判断ミスや行きすぎではなく，「ただ一団の間違いだけ」だからである。これは先に見たように，設備投資や在庫投資が過剰に行われて，それに伴う損失や債務支払いの困難などが発生するという，自由な企業活動の結果もたらされる一連の生産過剰状況を指している。簡にして要を得た指摘と言えよう。現実にこうした「一団の間違い」は日常的に生じており，それが景気後退を引き寄せるのである。逆に言えば，景気が後退することがないような経済には革新が生まれることもなく，進歩もないであろう。

　一方，ハーバラーは，景気後退期に生じそうな拡大的傾向について，およそ以下のように述べている。政府のマクロ政策が発動されず，かつ新発明や海外要因（例えば石油危機）などの偶発的な事象に救済されないという前提のもと，後退を終わらせて回復へと転じることができるかどうかが問題である。そのポイントは，自然的な再調整力，すなわち価格機構が妨げられずに機能しさえすれば，経済体系に内在していると信じられている均衡回復への刺激力が生じる可能性が出てくる。ハーバラーはこの種の刺激力は存在すると考えていた。その力が遅かれ早かれ自動的に後退を回復へと導くはずだ，と。ただし，回復促進のための措置を採るべきではないとは言っていない。当然ながら，景気後退の程度によっては措置の必要が出てくるだろう。

　では何が刺激力になるのか。ハーバラーはそれを，消費支出の増加をもたらす要因，もしくは投資を刺激する要因と考えた。不況期に需要曲線と供給曲線を右にシフトさせる要因はすべて，回復過程に導く能力を有する。需要曲線の右シフトは，例えば所得の増加，先行き価格の上昇等であり，

供給曲線の右シフトは，例えば原材料価格の低下，先行き価格の低下である。この見解をどう理解するか。不況期には価格は低下するというのが定説だが，確実にそうだとも言えない。しかし，もし低下して非常に低水準に達したならば，先行き価格上昇への期待が生じると考えるのは自然ではある。だが，心理状態にもよるが，実際に少しでも価格に動意が見られなければ，生産増は期待できないのではないだろうか。所得も，不況期には十分低水準となると考えられてきたが，これも経済によって異なるので一概には言えない。所得が敏感に動く経済と，そうではない経済が存在するのである。

　需要と供給とで価格の先行きが同方向に作用するのが確実ならば，話は簡単である。先行き価格上昇が見込まれても，需要と供給とでは相反する方向に効くため，結局は引っ張り合いとなり，いずれの力が強いかによって均衡取引量が増えるか減るかが決まってくる。需要側と供給側のいずれが楽観的であるかにも依存するであろう。信用面でも，利子率が低水準となっていることをあわせて考えると，確かに少ない刺激でも景気が回復に向けて動き出す要因はそろっているとも言えよう。

　現実の経済に即して考えると，今後の価格予想が主体の行動を変えるためには，何月から確実に上がるといった信認が必要となる。主体の行動は，直近の過去と現在から強い影響を受けるからである。そうなると，例えば価格低下による実質変数の動きが影響すると考えるのが相当であろう。

　さらに，日本経済の近年の実態に即して考えると，輸出の増減に起因する在庫循環が景気変動を引き起こすことが最も多いのも確かである。そのため日本では，大企業製造業の業況判断が重視されている。大規模な輸出企業の系列に連なる企業が多く，結局は大企業製造業の影響が速やかに広がることもある。

ここで，景気の自律的な回復を在庫循環で考えてみよう。在庫の増減は販売量の増減に依存する。この場合，一定の最適在庫率というものが存在すると前提して考えることもできる。販売量の動きに対応して現実の在庫水準が動くが，最適在庫率に照らして在庫の多寡が認識され，それがまさに「加速度因子」として作用すると考えるのである。

　一定の最適在庫率（在庫／出荷）が企業によって認識されているとすれば，景気拡張局面では出荷が増加するので，在庫も増加し，景気後退局面では出荷が減少するので，在庫も減少するということになる。この在庫の振れが生産の振れを招き，景気が動いていくと考えるのである[†5]。この在庫変動は短期的な景気変動，つまりわれわれがここで問題としている景気変動の主要因であり，十分な理解が必要である。

　このように在庫投資の場合は，正の方向への変動はもちろん，負の方向にも変動する。負の方向への変動というのはつまり，在庫調整である。その際は在庫水準が圧縮され，在庫投資はマイナスとなる。これが設備投資と異なる点であり，このマイナスの投資を持つことにより，在庫投資の変動はその振幅が大きくなり，短期的な景気の変動と非常に密接な関係を有することになる。

　在庫変動の理解に資することを期待して，若干の補足をしておこう。次頁の図 6-2 は，在庫変動を模式的に表したものである。われわれはまず，図の縦軸すなわち在庫変化率の最下限から出発する。これはいわば景気の「谷」と言えよう。

　「谷」を脱した景気は，④と①の局面に入っていく。これらが景気の拡張局面である。まず④の局面に注目すると，出荷が次第に増加速度を速め

---

†5　在庫ではなく在庫率で議論する場合は，在庫率の上昇が先行きの生産活動の低下を意味するのが通常である。

図 6-2　在庫変動の模式図

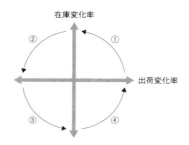

る一方で，在庫が次第に減少速度を緩める。④の後半になると，出荷増に気を良くした企業が，在庫を意図的に積み増す行動に出る。そして①の局面に入っていくにつれ，生産活動が活発化の度を強めていく。しかし，やがて出荷の増加速度は緩やかになっていく。一方で在庫は，強気な生産活動の維持により増加が続く。出荷が伸びなくなっているため，在庫は意図せざる積み上がりの様相を呈する。これにより，①の局面では在庫率（在庫／出荷）が明確に上昇することになる。しかし，この在庫率上昇はやがて来る生産活動の停滞・抑制を示唆しているのである。ここで景気は「山」を迎えることになる。

　続いて，景気が②と③の局面に入っていく。景気後退局面である。出荷は減少を始める。一方，在庫は増価速度が緩やかになっていく。やがて，積み上がった在庫で出荷に対応するようになる。結果として在庫水準が圧縮される。これが「在庫調整」と呼ばれるものである。③の局面に移ると，まだ在庫を増やす機運は生じていない。出荷が減り続けているからである。このような状況下では生産水準の抑制が生じる。在庫調整が続いていれば，生産意欲は弱いままである。しかし，それもやがて出荷の減少が止まる局面に差しかかると，在庫調整も完了して生産の機運が生まれる。この局面

の最後では，在庫率が最も低下している。このようにして「谷」を脱する契機が整えられるのである。

いま一つ指摘しておくとすれば，在庫の水準に関してである。指標的には在庫指数あるいは単に在庫という場合もあるだろう（在庫率のことではない）。上図の④から①の局面，つまり拡張局面にかけて，在庫水準は上昇していく（在庫が増加していく）。したがって，在庫の増加が観察されたら，現在生産が増加しているか，もしくは当該拡張局面の過去の時点で生産が増加していたと考えることは不自然ではない。

以上のような景気の自律的な変動は，それ自体が浄化作用にも似た働きを持つ。これは特に驚くべきことではない。企業を中心とした経済組織の新陳代謝が必要であるという見解が一般に受容されているとすれば，景気変動の研究結果は一定の貢献ができるのではないだろうか。

第3節❖資本主義の変貌と景気変動

18世紀後半の産業革命に資本主義経済の萌芽を見るとすれば，それはすでに誕生から270年近く経過したことになる。その間，資本主義経済体制は，原則はともかく何らかの変貌を遂げてきたことは確かであろう。

一方，資本主義と密接な関係を保ちながら進められてきた景気変動研究は，第二次大戦後は理論分野としては開店休業的な状況にある。

資本主義の病理として指摘されてきたことを歴史的に振り返ってみると，まずは恐慌がある。繰り返し触れた通り，恐慌はその定義からして，景気後退のなかでも激甚なものを指す。日本に限ってみても，1973年に発生した第一次石油危機は，その後1年間に生産指数を2割低下させている。失業者数はその後2年間で2倍弱増加し，失業率も2倍に上った。原因は海

外からのショックである。国内的に非常な好況というわけではなかったが，交易関係を軸に経済成長を実現してきた日本にとって，海外要因だから恐慌でないとは言えない。また，2008年9月までに発生したサブプライム・ショックは世界中に甚大な影響を及ぼし，1929年大恐慌以来の経済危機と言われた。日本にも甚大な影響が及び，2009年の生産指数は前年比20%超の減少となった。これも恐慌にほかならないであろう。

　このサブプイム・ショックの原因ともなったのが，米国の住宅価格に生じたバブルである。「サブプライム」がこの住宅ローンの金利に冠された名称であることはよく知られているが，単なるバブルの崩壊が原因で恐慌状態になったのではない。実物ショックをはるかに超えて世界中に広がった派生証券（住宅ローン債権を他の債権と組み合わせて造る証券）によるリスク・テイクが突如終焉を迎え，そのショックが金融危機を招いたのである。

　それ以前は，金融危機でも金融恐慌でも，株や証券の自己増殖的な価格の上昇が急停止から暴落へと一変したことが要因だとしても，損をしたのは投機に参加していた主体であった。しかし，サブプライム・ショックでは，住宅バブルの直接の関係者以外の投資家（個人・機関を問わず）が，それが間接的に米国のサブプライム・ローンを含む証券であるという事実にそれほど注意を払わずにリスクをとっていた。サブプライム・ローンを貸していた会社は，巧妙な借り換えを介してすべての借入者に返済を滞納させないようにする手法をとっていた。格付け会社がそれを低リスクと評価したため，投資家たちは安心していたのである。他のローンと組み合わせてあるので，発行会社の信用で買った機関も多かった。最終的にどういうリスクがあるのか全く知らなかった人も多かったという。大元ともいうべき住宅ローンのバブルが崩壊したことで，派生証券を大量に保有してい

た欧米の大手金融機関の財務にも大きな不安が生じた。実際，大手の投資ファンドが破綻したりして，世界中に衝撃が走ったことは周知の通りである。

景気変動論においても，投機や投資は重要な要素であり，その盛り上がりは好況期の特徴でもある。投機は，場合によればバブルを招くが，バブルだから景気変動と関係がないということではない。つまり，行きすぎた好況の一種であり，実物面の盛り上がりを超えて資産価格の暴騰が見られるのである。こうしたバブルは資産効果を持つことが普通である。実質資産が増加することによって消費を喚起し，それが生産を増加させる。そしてまた投資が増加するというプロセスが実現していれば，バブル期には景気が拡張するのが常である。

2008年の世界金融危機は Great Recession とも呼ばれるが，リスク・テイクが安易に行われすぎた結果，金融恐慌の様相を呈することとなった。このようにマネーが実体経済を振り回す wag-the-dog（本末転倒）現象こそ，現代資本主義の特徴と見る向きは多い。資本主義がマネーに呑み込まれてしまうというのである。例えば R.ドーアはその著『金融が乗っ取る世界経済』において，「金融化（financialization）」が現代資本主義の特徴であると述べている[†6]。また，この本の副題の通り，それが「21世紀の憂鬱」となっているというのが，いまやサブプライム・ショック後の共通認識となりつつある。

ドーアはさらに同書で，金融資本は世界経済の成長率よりも高い率で増加していると言う。あらゆるモノづくりの業種や金融を除くサービス業について言えることだが，物理的な設備資本の評価額より，その生産物の売

[†6] 中公新書，2011年，p.8-12。

買，先物・オプションの売買に使われている金融資本のほうが相対的に額が大きくなっているというのだ。さらに，マッキンゼー・グローバル研究所（マッキンゼー・アンド・カンパニーのリサーチ機関）による世界資本市場の規模に関する推計を引用して，売買可能な株式，社債，国債，銀行預金の合計で見た世界資本の大きさは，1990〜2008 年までの 18 年間に 4 倍になったとする。その額は 1990 年には世界 GDP の 2.01 倍であったが，2008 年には 3.59 倍に上昇したという[†7]。

ドーアによれば，上記の期間を通じて「投資」の意味が変わった。20 世紀初頭までの投資は，資本家や企業家など個人が判断して行うものだった。低利子の国債に投資する人もいれば，しっかりとしたビジネスプランを持った企業家に投資する人もいた。インチキ山師の口車に乗って，「夢の金山」やスエズ運河建設事業に投資する人もいた。投資先はいろいろだが，みな自分の判断で投資していた。現在はそれと異なり，お金で生産手段を作ったり買ったりするための投資よりも，いま手放す金融資産がより高い市場価値を持って手元に帰ってくることを期待する投資が多くなった。そして

[†7] 関心のある読者は，自分でも調べてみるとよい。例えば国際決済銀行（BIS）は，ウェブ上で店頭デリバティブ，すなわちいわゆる派生証券の金額を公表している（www.bis.org/statistics/derstats.htm）。その金額は，例えば国連統計局公表の世界の GDP の 7〜8 倍はあることに気付くであろう。グローバル・マネーが世界経済の尻尾をつかんで振り回す恐れはいつでもあるということだ。

TIME 誌（2016 年 2 月 22-29 日号）は，マッキンゼー・グローバル研究所によるある推計を紹介している。それによれば，Great Recession 前から 2015 年までの期間に，世界の総債務額が 57 兆ドル増加して 220 兆ドルになったという。2014 年の世界の GDP 総額は 77 兆 2700 億ドル（IMF 推計）であるから，その 3 倍近くに及ぶ額が債務化したことになる。この総債務額は政府・企業・家計の総額である。また，マネー・ゲームで稼いでいる人のほうが，マネーを得るために働いている人よりも低い税率を適用されている。投資収益よりも勤労所得にかかる税率のほうが高い。TIME 誌の記事は概略このように述べている。税率に関しては改善の余地がありそうに思える。

投資判断は専門の金融業者が行うようになった。ドーアはこうした流れの背景として，①世界的な投資意欲の低下，②国家の社会保障制度の衰退およびリスクの個人化，③株主主権原理の徹底（企業共同体思想の衰退）などを指摘する。

　この指摘は非常に興味深い論点を含んでいるが，本書の範囲を逸脱するのでこれ以上は深入りしない。ただ，例えば①の「投資意欲の低下」は，有名なA.ハンセンの「長期停滞論」で言及される「投資機会の喪失」と通じるところがある。米国でも近年R.サマーズが指摘して話題となった。個人的には，米国が長期停滞なら日本はどういう評価になるのだろうかということが気になるが，それについては前述した通りである（p.191参照）。

　また，②について捕捉しておくと，いま日本で問題視されているような，公的年金機関が機関投資家として株式市場に参加し，株の売買をすることが該当するであろう。社会保障が株式市場での成績に依存するならば，そのリスクは結局個人に帰着することになる。③については，株主に儲けさせることが至上命題となるなら，地道にモノづくりをするよりも，金融商品で儲けたほうが手っとり早い。「お金に色は付いていない」ということであろうか。

　各種の投資ファンドがグローバル・マネーの主な主体であるのは確かだが，それらが巨額の資金の短期的な移動で莫大な利益を手にすべく投資・投機をすることで，マネーが世界の金融市場・商品市場を駆け巡り，その浮き沈みにあらゆる主体が巻き込まれているというのが現代の図式である。株価や為替レートもまさにそのようなマネー・ゲームに動かされているのが実情である。民間の短期的な金融は，いまやファンドの資金なくしては成り立たないのであろうか。それなくしては経済が立ちゆかない国があるということなのか。金融は不可欠ではあるが，ギャンブルのような金融は

いらないと考えるのは間違いだろうか。本書の対象である景気変動は，あくまでも実物面の現象と言うほかはないのであるが，金融が原因で，金融だけが独立の要因となって恐慌が引き起こされるとしたら，事前の規制を考えるのが世界中の政府の役割ではないだろうか。派生証券の出現が世界経済にどれほどの好影響を及ぼしているのかは詳らかにしないけれども，厳密な実証分析が求められる。マネー・マーケットのために経済があるのではない。経済に必要なマネーの供給のためにマネー・マーケットがあるのである。やはり基本的なスタンスは「制御」ということにならざるをえないのではないだろうか。

　データを使って直截的に検討してみよう。国際通貨基金（IMF）の「World Economic Outlook」から，1980年以降の世界の投資率（投資／GDP）を見ると，2014年までの平均が24.3％，2000〜2014年の平均が24.0％となっている。つまりIMFのデータでは，金融化が急速に進んだ近年において投資の規模が大きくなったという事実はない。金融化が進めば投資意欲に応えやすくなるのなら，投資率は上がるはずである。実物面とは関わりなく，金融が独り歩きしている可能性は否定できない。

　日本についてはどうであろうか。金融自由化が本格化して金融ビッグバンが完了されるまでの期間はおおよそ1980〜2001年である。その間の設備投資（実質）の年平均増加率は2.9％，2001〜2014年では0.8％であった。実質GDPの成長率は同期間の年平均でそれぞれ2.5％，0.8％であった。金融自由化だけで動く変数ではないが，金融自由化で経済の効率が上がっているということでもない。

　金融というとき，われわれは「合理的」あるいは「効率的」という用語を反射的に想起しがちなのではないだろうか。しかし，J.K.ガルブレイスは，実態はその正反対であることを強調する。金融が性懲りもなく，繰り

返し問題を起こしていると非難している[†8]。金融化は確かに現代資本主義最大の特徴であり，景気変動論はそれが世界恐慌の原因とならないように警鐘を鳴らしていると言える。

　G.ハーバラーは『景気変動論』の中で，景気変動の貨幣的要因と実物的要因の関係について次のように言っている[†9]。循環の拡大期にインフレ的で投機的な行きすぎが阻止され，穏健で反循環的な財政政策が採用されうるとするならば，循環的な不安定性はほどほどの水準にまで抑えられうるであろう。すなわち，「貨幣的紛糾」を伴わない実物的循環はむしろ穏健なものであるというのがハーバラーの見解である。

　近年のグローバル・マネーの跳梁を見るにつけ，「資本主義はもうだめだ」という主張がかなり声高になってきているようである。しかし，資本主義，つまり競争による経済の成長と国民生活の維持・向上を目指す現状のシステムに勝るシステムは，現時点ではいまだ見つかっていないはずである。個々の国の経済パフォーマンスにも差があって，一概に資本主義経済が問題の根源だとは言いえない。しかし，猛烈な金融化は，ドーアの言うように「21世紀の憂鬱」であることも確かであろう。景気変動論の観点から言えば，そうした流れの中にあっても，実物経済における企業の短期的な盛衰を表す景気の動きに注目していくほかないのである。

　かつて M.ウェーバーは，資本主義の初期には中小企業経営者たちの中に，「プロテスタンティズムの倫理」に従い，投機で儲けようとする誘惑を決然とはねのけて，新たな産業経営の建設に投資するよう努める姿勢が見られたと述べた。これは景気変動論の視点からも深くうなずける。つまり，

[†8] J.K.ガルブレイス『バブルの物語』（鈴木哲太郎訳，ダイヤモンド社，1990年，新版2008年），p.156。
[†9] 『景気変動論』下巻，p.431。

資本主義の原点には，企業の生産活動が景気を創り出していくという認識があったとも言えるのである。ここには，金融化による資本主義の歪みを是正するヒントが隠されてはいないだろうか。ともするとマネーが目的化しがちな現状を憂うだけでは，世界経済に先はない。われわれは「景気」の意味を改めて確認し，景気変動論を資本主義の修正に役立てる方途を考えていかなければならない。

❖ **重要事項の確認** ❖

①1. 景気を定義することの重要性

　景気を厳密に定義することの重要性は否定すべくもない。景気対策が必要か否かを考える際にも，景気をどこで見ているのかを明らかにしなければ，将来に禍根を残すことにもなる。景気変動の浄化作用を活用していくことで，経済のダイナミズムを維持できるのではないか。

①2. 金融化の弊害

　金融化は現代資本主義の特徴である。景気変動論の立場からは，貨幣的要因の跳梁がない場合の実物的要因の変動は穏やかなものと考えられるので，短期のギャンブル的なマネー・ゲームの弊害は取り除かれるのが望ましい。

問　　題

1. 資産効果について考えてみよう。いま，消費者が保有する国債など，現金に比べて流動性が低い金融資産の価格が急上昇したとする。これが経済に及ぼす影響を，IS-LM曲線を用いて説明しなさい。【ヒント▶貯蓄の必要がなくなった消費者は消費を増やす。一方，貨幣をより多く使い，なおかつ流動性の低い資産の価値が増えたので，貨幣需要が増加する。】

2. アイスクリーム屋にとっての景気はアイスクリームの販売状況である。販売量は多いほうが良い。高く売れるほうが良い。安く造れるほうが良い。これらの条件がアイスクリーム屋にとって良好であれば，利益は自然に挙がる。次の条件の変化は，アイスクリームの需要曲線と供給曲線をどちらの方向にシフトさせるか。
   ① 猛暑の夏になった。
   ② 近所にかき氷屋が新しくできた。価格も低い。
   ③ アイスクリーム製造機に技術革新があり，生産性が向上した。
   ④ 円安で原材料費が上がった。
   ⑤ 「アイスクリームは肥満の大敵」という研究結果が注目を集めた。

3. 次のアイテムのうち，日本でバブルの対象とならなかったものを挙げなさい。ただし，一般にバブルとされているものという意味であり，厳密な研究が行われていないものもあるかもしれない。
   ① 土地
   ② うさぎ
   ③ 株
   ④ 切手

4. バブル，あるいはバブルと景気変動に関する以下の文章の正誤を判断しなさい。
   ① バブルは常軌を逸した投機熱の嵐のようなもので，景気変動と関わりがあ

るわけではない。

　② バブルとは何らかの資産価格が自己増殖的に上昇し続けることであり，自分が購入した価格を超える価格で転売できると誰もが信じて疑わない状態のことである。

　③ バブルとは資産価格の持続的な高騰であるが，一般物価水準も同時に上がることが常である。

　④ バブルで資産効果が発生し，その結果消費が増加することで企業の生産活動が活発化するなど，バブルと景気変動は関連性がないとは言えない。

　⑤ ゼロ金利や量的緩和はバブルの温床であるという認識は間違っている。

5. 以下には，景気に関するある変数が変化した場合に他の変数がどう影響されるかについて，公式のように使われている「関係」が列記されている。あくまでも一般的な方向性を意味するという理解のもとで，いずれが正しい方向性であるかを答えなさい。

　① 景気が良ければ，輸入は増えるか，減るか。

　② 米国や中国など日本にとって重要な輸出市場である国の景気が良くなれば，日本の鉱工業生産は増加するか，減少するか。

　③ 中国経済が減速し始めた。そのとき，日本の製造業の製品在庫は増えるか，減るか。

　④ 出荷の増加率が在庫の増加率を上回り続けている。このとき生産は増加するか，減少するか。

　⑤ 景気が引き続き後退している。この場合，企業は在庫を増やそうとするか，減らそうとするか。

　⑥ 景気が回復している。このとき所定外労働時間は増えるか，減るか。

各章末問題の解答

第 1 章

1. **【ヒント】** 封建主義システムとの対比で考えればよい。
   【解答例】 市場における経済主体，つまり消費者と企業の個人主義的な利益極大化行動を基盤とした競争を最大の特徴とする。競争が維持されるためには，私的財産権が保証されなければならない。また，個々の経済主体の意思決定が尊重されなければならない。

2. 民間最終消費支出の構成比……（60÷100）×100＝60％
   民間企業設備投資の構成比……（14÷100）×100＝14％

3.
   ① 第1期の実質賃金……（100÷100）×100＝100
   第2期の実質賃金……（102÷105）×100≒97.1
   第2期の実質賃金の変化率……｛（97.1÷100）－1｝×100＝－2.9％
   ② 実質賃金の減少は消費支出の減少につながる。
   ミクロ経済学の消費理論を想起すれば，所得一定のもとで，ある財の価格が上昇した場合と同じことが起きている。2財のケースで考えると，横軸で測られた財の価格が上昇すれば，等所得線（予算線）が価格不変の財の消費量との交点を中心として，横軸の財の消費量が原点方向にシフトする。そのため，新たな無差別曲線との接点も原点方向に動く。その結果，横軸に測られた財の消費量は減少する。

4. セイの法則が示す世界は，典型的な古典派経済学の世界である。完全な価格調整力を認めるので，供給曲線は垂直になる。価格が伸縮的に動いて供給された生産物の量をクリアする。
   この経済で政府が政策的に需要を追加しても，経済の生産量は変化しない。垂直の供給曲線上で需要曲線がどのように動いても，均衡取引量は変わらないからである。均衡取引量を変化させるためには，供給曲線を右側にシフトさせるしかない。技術進

歩で生産性が向上すると，そのようなシフトが発生する。

5. この企業の利潤（R）を表す式は，
 R＝P・Y−w・L−k・K……（1）
 ただし，kとKは変化せず，定数と見なせる。
 ここで，Y＝F（L, K）
 Rを極大にする1階条件をLについて求めると，
 $P \cdot \frac{dy}{dL} = w$
 労働力の限界生産力価値（価値限界生産力）が賃金に等しくなる。これは，賃金が労働力の生産に対する貢献度に応じて決まることを意味している。

6. 資本主義経済は民間経済を中心としたシステムである。そのため政府の占める比重が2分の1を超えてさらに大きくなるようだと，たとえ市場経済が存在しているとしても，資本主義経済とは言えない性格を持つことになる可能性がある。

7. 輸出が増加すると輸出向けの出荷が増加するため，商品在庫を補填しなければ商機を逸する。そのため生産を増加させる。輸出が減少してくれば，出荷も減少する。商品の在庫で出荷に対応し，生産は抑制するほうが，無駄な在庫を増やして倉庫料等のコストが上がるのを防げる。

第2章

1. 【解答例】恐慌とは，資本主義経済体制において発生する激甚な景気後退のことである。実体経済の急激な収縮から信用収縮を招き，金融機関の破綻が発生することが多い。企業倒産と失業者が急増するのも特徴である。

2. 景気が拡張していき，好況期になると，企業経営者の先行きに対する見方が強気になってくる。設備投資についても前向きの姿勢が目立つようになる。これは商機を逸したくないという衝動に駆られるからである。そして設備投資が決定され，機械会社に発注される。製造された機械が届いて稼働するまでのタイムラグ（懐妊期間）に景気が後退に向かうこともある。すると，その投資は当面余分ということになる。また，

企業同士の競争は投資競争を生み，その結果投資は過剰になる。さらに，信用が安価に利用できて景気が良ければ，投資が投機的な要素を持つこともある。その過程で，投資がさらに上積みされて過剰となる。

3.
(1) 費用／下回らない／実質所得／消費

(2) 大不況の底に到達したということは，もうこれ以上景気が後退することはないということである。諸々のコストも極めて低水準となっており，利潤率は上がりやすい。また，後退期の経験から既存の生産技術に対する反省も出てきやすい。それが新たな生産技術の採用を企業に迫ることから，生産性の向上につながりやすい。

第3章

1.
(1) ① a　② d　③ b　④ c
(2) ① c　② b　③ a　④ d

2.
(1) ① 通常の更新が50，それに加えて10％の増産用に50で合計100ということになり，100÷50＝2。2倍になるということは，増加率は100％。

② 100増加させた次の年は，50＋25＝75だけ投資が必要となる。100－75＝25，つまり25だけ機械設備を減らすことになる。増加分が10から5に減っているとはいえ，増加しているにもかかわらず機械設備投資は前年より25も減ることになる。

(2) ① 販売量が100足のときは，100足発注して在庫は100であった。販売量が110になると，100足発注して足りない分は100足の在庫から10を出す必要がある（在庫というものはこのようなときのためにある）。したがって在庫は90になる。在庫に関しては，来期の販売量も110と予想されるので，それと同じ在庫にするには，最低でも120足発注しなければならない。すなわち20足余計に発注することになる。

② 販売量は110足から105足へと5足減る。来月も105足売れると見るので，もはや在庫は105足で足りる。在庫は110足あるので，ひと月だけは100足発注しても在庫水準は105足で問題ないが，すぐに100足では在庫が低すぎるようになる。だから105足は発注することになる。発注量は120足のときと比べて15足減る。100足発注するならもっと減る。

（3）消費財需要の変動が引き起こす投資の変動は，消費財需要の変動よりも大きい。これが景気変動を起こす原動力となる。

（4）設備投資は数年間から10年間を見越して行うものであるが，在庫投資は目前の売上との関係で決めるものであるということを示唆している。前者は中期的な意思決定，後者は短期的な意思決定である。

3. ① ○　　② ×　　③ ○　　④ ×　　⑤ ×

4. ① ⓐ　　② ⓔ　　③ ⓓ　　④ ⓑ　　⑤ ⓒ

5.

① この場合の資本の限界効率は，$100 = 110/(1+i)$ となる i を求めて，市場利子率8％と比較すればよい。$i = 10$ となるので，投資が有利となり，投資することになる。

② 上の式において，市場利子率が極端に低いにもかかわらず，投資が出てこないとすれば，資本の限界効率も極端に低い場合である。資本の供給価格が変わらないとするなら，期待収益が低くならないと資本の限界効率も低くならない。資本の供給価格が上昇するならば，i がプラスで小さい値であることから，期待収益はわずかでも資本の供給価格を上回る値でなければならない。資本の供給価格が低下するならば，期待収益も低下しないと極端に低い資本の限界効率は維持されないはずである。これらより，資本価格を所与として考えるのならば，期待収益が低下している状態であると考えられる。

6. ① 過剰生産　　② 在庫投資　　③ 消費（需要）　　④ 遅れて　　⑤ 生産

第 4 章

1. 回復と拡張, 後退と収縮の区別をどこで付けるかが難しい。

2.
   ① 政府のない閉鎖経済における乗数効果の問題。
   $Y = C + I$ ……… (1)
   $C = 0.8 \cdot Y$ …… (2)
   (2) を (1) に代入して整理すると,
   $Y = 1/(1-0.8) \cdot I = 5 \cdot I$
   両辺の増分をとると,
   $\Delta Y = 5 \cdot \Delta I = 5 \times 100 = 500$
   【解答】500
   ②
   $I_t = 1.5(C_t - C_{t-1}) = 1.5(0.8 \cdot Y_{t-1} - C_{t-1}) = 1.5(0.8 \cdot Y_{t-1} - 0.8 \cdot Y_{t-2})$
   $= 1.5(0.8 \times 105 - 0.8 \times 100) = 6$
   【解答】6

3. ① ×　② ○　③ ○

4. ロバートソンの資本財の限界効用という概念は, 例えば発明によってある資本財の期待生産性が上昇することを意味している。この「期待」が企業者の心理と関係しているものと考えられる。

第 5 章

1. $(a_4 + a_3 + a_2)/3$
   ＊(　) 内は順番が違っていても可。ただし, 中央は a_3 であること。

2. 【解き方の注意点】
   例えば, 一致指数の各構成系列の水準や変化率を 3 か月前と比べて, 景気という意

味で改善したときプラスを，悪化したときマイナスを，変わらないとき 0 を与える。構成系列の数に占めるプラスの数の割合が DI の値となる。50％であれば変化なし・横ばいであり，50％超なら景気は改善方向と見なす。ただし，3 か月前の値に特殊要因があって数値が低すぎたり高すぎたりしていても，それを勘案した数値にはなっていない。計算は簡単だが，評価するときに数値だけを鵜呑みにすると間違ってしまうことがある。そのため，単月のみの数値で評価しないことが求められる。

3. ① ○　　② ×　　③ ×　　④ ○　　⑤ ○

【補足】
① 生産活動を最も端的に表す指標に鉱工業生産指数があるが，サービス部門が捉えられていない。
④ 例えば，製造業 PMI（Purchasing Managers' Index）は生産の先行き指標として注目されている。景気を問題にする場合には，生産を意識した指標が注目されるのは望ましいことである。
⑤ 2015 年夏に，消費者物価指数（生鮮食品除く総合）が遅行指数の系列に採用されたが，景気の現状を表す一致指数ではない。

第 6 章

1. 金融資産の価格が急上昇すれば，資産効果が発生し，消費が増加する。これは IS 曲線を右にシフトさせる。また，消費で貨幣を使用することと，流動性の低い資産が増えることから，貨幣への需要が増加する。貨幣供給が一定であれば，全体としての貨幣需要が減らなければ均衡しない。投機的動機による貨幣需要が減るので，LM 曲線は左にシフトする。国民所得が増加するかどうかは二つの曲線の位置関係に依存する。シフトが大きいほうに引っ張られて決まることになる。

2.
　① 需要曲線は右シフト
　② 需要曲線は左シフト
　③ 供給曲線は右シフト

④ 供給曲線は左シフト

⑤ 需要曲線は左シフト

【補足】②は代替財の登場である。価格も低いということなので，需要が食われる可能性はあるだろう。

3. バブルにならなかったものは無い。

【補足】①〜④いずれもバブルの対象になったとされている。②「うさぎバブル」は明治の初め。④「切手バブル」は昭和の中ごろ，当時の琉球切手の一部に常軌を逸した価格上昇があった。ただ，②④は社会的な広がりという点では，①土地バブルや③株バブル（いずれも1980年代後半〜）と同一視はできない。興味のある読者は調べてみるとよい。

4. ① ×　② ○　③ ×　④ ○　⑤ ×

【補足】日本には「バブル景気」というニックネームが付いた景気拡張期がある。その時期は，消費者物価指数は極めて安定していた。

5.
① 増える

② 増加する

③ 増える（意図せざる在庫増）

④ 増加する

⑤ 減らそうとする

⑥ 増える

参考文献

- 伊藤宣広『現代経済学の誕生』中公新書，2006 年
- 岩崎勝「物価と景気変動」，西川俊作・尾高煌之助・斎藤修編著『日本経済の 200 年』日本評論社，1996 年
- 岩田規久男『デフレの経済学』東洋経済新報社，2001 年
- 金井雄一・中西聡・福澤直樹編『世界経済の歴史』名古屋大学出版会，2010 年
- ガルブレイス，J.K.『バブルの物語』鈴木哲太郎訳，ダイヤモンド社，1990 年（新版 2008 年）
- 小暮太一『改訂新版 マルクスる？ 世界一簡単なマルクス経済学の本』マトマ出版，2010 年
- 小室直樹『日本人のための経済原論』東洋経済新報社，1998 年
- 下平裕之「D.H.ロバートソンの経済変動理論：初期の発展とケインズの影響」，『一橋研究』19（4），1995 年 5 月
- シュムペーター，ヨーゼフ『景気循環論』Ⅰ・Ⅱ，吉田昇三監修／金融経済研究所訳，有斐閣，1958〜59 年
- ストレイチー，ジョン『現代の資本主義』関嘉彦・三宅正也訳，東洋経済新報社，1958 年
- 高田保馬『景気変動論』日本評論社，1928 年
- チャンセラー，エドワード『バブルの歴史』山岡洋一訳，日経 BP 社，2000 年
- 長幸男『昭和恐慌』岩波現代文庫，2001 年
- テミン，ピーター『大恐慌の教訓』猪木武徳・山本貴之・鳩澤歩訳，東洋経済新報社，1994 年
- ドーア，ロナルド『金融が乗っ取る世界経済』中公新書，2011 年
- 豊崎稔『景気予測法研究』大同書院，1932 年
- ハーバラー，ゴットフリート・フォン『景気変動論』上・下，松本達治・加藤寛・山

本英太郎・笹原昭五訳，東洋経済新報社，1966 年
- 浜矩子『グローバル恐慌』岩波新書，2009 年
- バラノーフスキー，ツガン『新訳 英国恐慌史論』救仁郷繁訳，ぺりかん社，1972 年
- ピケティ，トマ『21 世紀の資本』山形浩生・守岡桜・森本正史訳，みすず書房，2014 年
- 菱山泉『近代経済学の歴史』講談社学術文庫，1997 年
- 藤瀬浩司『資本主義世界の成立』ミネルヴァ書房，1980 年
- フリードマン，M.，シュウォーツ，A.『大収縮 1929-1933』久保恵美子訳，日経 BP 社，2009 年
- ホートレー，R.G.『景気と信用』経済同攻会訳，同文舘，1930 年
- ホール，T.E.，ファーグソン，J.D.『大恐慌』宮川重義訳，多賀出版，2000 年
- マサイアス，ピーター『改訂新版 最初の工業国家』小松芳喬監訳，日本評論社，1988 年
- ミッチェル，W.C.『景気循環』全 3 巻，春日井薫訳，文雅堂，1961〜65 年
- ミッチェル，B. R. 編『マクミラン新編世界歴史統計 1：ヨーロッパ歴史統計 1750〜1993』中村宏・中村牧子訳，東洋書林，2001 年
- ラース・トゥヴェーデ『信用恐慌の謎』(赤羽隆夫訳，ダイヤモンド社，1998 年)
- ワーゲマン，エルンスト『景気変動論入門』萩原謙造・望月敬之訳，南北書院，1932 年

あとがき

　景気という言葉は誰でも知っているし,「自分は景気にはまったく関心がない」という人はおそらくごく少ないだろう。

　これから社会に巣立っていく学生のみなさんは,仮にいまはさほど関心がなくても,後日になればそうも言っていられなくなることだろう。執拗に実施されている内閣支持率の調査でも,「あなたが重要だと感じる政策は何か」といった質問項目をよく目にする。その結果を見ると,少なくとも近年においては「景気対策」という答えが圧倒的に多い。「景気」はいまや,われわれすべてにとって重大事となっているのである。

　本書の最後に,学生のみなさんに一言助言を申し述べたい。私が大学で経済学を学び始めたころ,ある偉い先生が授業の最初にこうおっしゃった。「経済学は大人の学問である」。そのとき私は20歳にはなっていなかったので,勉強するなら20歳になってからしなさい,20歳にならないと理解できない,と言っているのだと勘違いしてしまった。とんだ笑い話だが,要点は私の浅慮ではなく,この大先生の真意にある。賢明な読者には指摘するまでもなかろうが,先生は「いま経済学を学んでもつまらないと感じるかもしれないが,社会に出てから初めてその重大な意味と面白さが分かるものだよ」と言いたかったのである。

　本書を読んで,景気変動論というのはなかなか面白そうだから,もっと深く学んでみたいと思った人もいるかもしれない。あるいは,よく分からない,難しいと感じた人もいるだろう。いずれにしても,この本1冊ですべてが分かるわけではない。景気にしろ,景気変動論にしろ,その奥深さは私にとっても未知であり,学ぶことはまだまだある。教室での勘違いから40年以上経って,ようやくあの大先生の言葉の意味が身に応えて分かってきたところである。願わくば読者のみなさんにも,「大人」として経済学の意味や面白味を味わえる日が来るまで,辛抱強く勉強を続けてほしい。

　言うまでもないことだが,私たち一人ひとりは消費の主体である。そして,消費者全体として景気に影響を及ぼしていることは事実であるが,直接景気を動かせる

わけではない。景気は，企業が自らの将来の業況，すなわち消費動向等を睨んで行う投資活動が引き起こすものである。その投資活動が，自由な意思決定のもとで展開される経済活動であるからこそ，景気は変動する。景気は，だから資本主義経済システムの特徴そのものである。

しかし，現代の景気変動は思いもかけない方向から，想定外の大きな振れを余儀なくされるリスクにさらされている。もちろん，産業革命を機に成立した資本主義は，現代に至ってもメインの経済システムとして生きている。ただ，資本主義も昔のようではない。現代の資本主義が極端な「金融化」のために，本来は金融が奉仕するべき実物経済を逆に振り回すことになったのを，われわれは実際に経験した。これはもちろん，正常な景気変動とはほど遠い現象である。

自由な経済活動がもたらす正常な景気変動には，その局面が拡張的であっても後退的であっても，必ずメリットとデメリットがある。このように言うと，なかには怪訝な顔をする人がいる。景気が良くなるのにデメリットがあるのか。景気が悪くなるのにメリットがあるのか。しかし，景気変動がもたらすメリットこそが経済にダイナミズムを生み，質的・量的な経済の発展をもたらすのである。一方，デメリットのほうは，その克服が政策課題になっていく。

私は本書を通じて，何よりも「景気」や「景気変動（景気循環）」という用語の意味をよく踏まえたうえで実際の景気判断を行わなければならないことを主張したかった。そのためには，長い歴史を持つこの分野を体系的・総合的に解説する必要があると考えたのである。当初の意図通りの本になっているかどうかは，読者のみなさんの判断に委ねるしかない。

最後に，本書の出版にあたっては，新評論の山田洋編集長，同編集部の吉住亜矢さんから貴重な助言をいただいたうえ，出版に至るまで様々なご配慮をいただいた。ここに記して厚くお礼申し上げる。

2016 年夏

妹尾芳彦

人名索引

ア行

アフタリオン，アルベール（Albert Aftalion） 100, 105, 128
ヴィクセル，クヌート（Knut Wicksell） 100, 101

カ行

カッセル，グスタフ（Gustav Cassel） 100, 104, 105
ガルブレイス，ジョン・ケネス（John Kenneth Galbraith） 60, 201
カレツキ，ミハウ（Michal Kalecki） 118
キチン，ジョセフ（Joseph Kitchin） 31, 82
クズネッツ，サイモン（Simon Kuznets） 86
ケインズ，ジョン・メイナード（John Maynard Keynes） 31, 45, 73, 77, 114-118, 120, 130, 145, 149
コンドラチェフ，ニコライ（Nikolai Kondratiev） 88, 89

サ行

サミュエルソン，ポール（Paul Samuelson） 149, 150, 152, 158
ジェボンズ，ウィリアム・スタンレー（William Stanley Jevons） 113, 114
シスモンディ，シモンド・ド（Simonde de Sismondi） 32, 54, 55, 108
ジュグラー，ジョセフ・クレマン（Joseph Clément Jugular） 17, 34, 56, 78-80, 99, 135, 136, 147, 176, 187
シュピートホフ，アルトゥール（Arthur Spiethoff） 24, 25, 100, 102-105, 114
シュワルツ，アンナ（Anna Schwartz） 62
シュンペーター，ヨーゼフ・アロイス（Joseph Alois Schumpeter） 20, 78, 80, 87, 89, 156-157, 158, 164, 186-187, 191
スウィージー，ポール（Paul Sweezy） 58

セイ，ジャン=バティスト（Jean-Baptiste Say） 31-32, 35, 36

タ行

高田保馬 49
チャンセラー，エドワード（Edward Chancellar） 12
テミン，ピーター（Peter Temin） 63, 68
ドーア，ロナルド（Ronald Dore） 198-200, 202

ハ行

ハイエク，フリードリヒ・フォン（Friedrich Von Hayek） 99-100
ハーバラー，ゴットフリート・フォン（Gottfried Von Haberler） 77, 90, 91, 95, 99, 101, 105, 110, 119, 140-141, 165-166, 168, 169, 174, 185-186, 191, 192, 202
バラノーフスキー，ミハイル・ツガン（Mikhail Tugan Baranovsky） 16-17, 18, 19, 20, 22, 24, 43, 48, 54, 56, 59, 100, 105
ピグー，アーサー・セシル（Arthur Cecil Pigou） 111, 114, 145, 146, 158
ピケティ，トマ（Thomas Piketty） 167
ビッカーダイク（Bickerdike, Charles Frederick） 100, 105, 128
ヒックス，ジョン・リチャード（John Richard Hicks） 149, 151, 152
フィッシャー，アーヴィング（Irving Fisher） 93-94, 100, 101
フリードマン，ミルトン（Milton Friedman） 62, 63
ペティ，ウィリアム（William Petty） 12, 29
ホートレー，ラルフ・ジョージ（Ralph George Hawtrey） 29, 95, 98, 99
ホブソン，ジョン・アトキンソン（John Atkinson Hobson） 108, 109-110

マ行

マサイアス，ピーター（Peter Mathias）　28, 29, 30, 35, 37
松本達治　152-153
マルクス，カール・ハインリヒ（Karl Heinrich Marx）　22, 54-56, 78
ミッチェル，ウィズリー・クレア（Wesley Clair Mitchell）　28, 134, 135, 142-145, 146, 149, 152, 157, 158, 161, 172, 184, 185, 186

ラ行

ロバートソン，デニス・ホルム（Dennis Holme Robertson）　114, 145-149, 157, 158, 211

ワ行

ワーゲマン，エルンスト（Ernst Wagemann）　140, 141, 142, 160, 163, 168

事項索引

カ行

過少消費説（恐慌理論）　54, 55, 59, 74, 108-109, 110, 123-124, 127, 130, 135
過剰生産　42, 52, 57, 59, 75, 77, 82, 91, 99, 100, 104, 105, 152, 162
過少投資　120, 122
過剰投資説（恐慌理論）　54, 56, 57, 59, 74
過剰投資説（景気変動論）　99-108, 110, 112, 118, 120, 127, 128, 130, 135, 144
キチン循環／キチンの波（＝在庫循環）　31, 82-83, 144, 157, 186
恐慌　17, 22, 24, 32, 34, 39-75, 78, 79, 90, 100, 103, 108, 110, 134, 135, 138, 196-197
クズネッツ循環／クズネッツの波（＝建設循環）　86-87
グローバル・マネー　60, 73, 125, 199, 200, 202
「景気」の語源　9, 160
景気基準日付　157, 164, 167, 168, 173
景気動向指数　157, 168, 169, 170, 171, 172, 173, 174, 178, 179, 187
「景気変動」の定義（ミッチェル）　28, 142-143, 149, 157, 161, 172, 186
鉱工業生産指数　26, 66, 70, 71, 165, 170, 171, 174, 176, 177, 178
雇用・生産基準（ハーバラー）　95, 165, 169
コンドラチェフ循環／コンドラチェフの波　87, 88-89

サ行

財界価額図（バブソン・チャート）　137-138
実物的景気循環論（新古典派的な景気変動論）　133, 148, 153
資本財の限界効用　147, 148, 158
資本主義の「金融化」　198, 201, 202, 203
資本の限界効率　115, 116, 117, 118, 130
収穫説（景気変動論）　113-114, 125-126, 135

ジュグラー循環（＝設備投資循環）　17, 28, 31, 78-80, 82, 86, 87, 120, 144, 157, 186
純粋貨幣要因説（景気変動論）　93-94
心理説（景気変動論）　111, 112, 127, 135, 158
製造業購買担当者景気指数（製造業 PMI）　171, 175, 178
正統派経済学　31-34, 77, 79, 114, 119, 133, 134, 144, 152, 157, 160, 182, 185, 191
セイの法則　31, 32, 35, 36, 119, 207

タ行

ドイツ景気研究所景気指数　141-142

ナ行

日銀短観（日本銀行「全国企業短期経済観測調査」）　170, 174, 178

ハ行

ハーバード景気指数　139-140
バブル　48, 58, 61, 69-70, 119, 127, 197-198, 204-205

マ行

マクロ経済理論的な経済変動論　149-153

著者紹介

妹尾芳彦（せのお　よしひこ）

1953年広島県生まれ。
1976年3月，大阪大学経済学部卒業。同年4月，経済企画庁入庁。総合計画局計画官，内閣府景気統計部長，国民経済計算部長，内閣府大臣官房審議官等を経て，2006年9月，内閣府経済社会総合研究所総括政策研究官。2009年8月退官。
(株)新都市ライフ常勤監査役を経て，2016年4月より専修大学大学院客員教授。一般財団法人土地総合研究所研究顧問，東洋大学・亜細亜大学・関東学院大学非常勤講師，明治学院大学・麗澤大学講師。
【著書】『経済政策と政府の役割』（有斐閣，1987年）。『実戦 景気観測の技術』（日本評論社，2005年）。

景気変動論

2016年9月15日　　初版第1刷発行

著　者　妹　尾　芳　彦
発行者　武　市　一　幸
発行所　株式会社　新　評　論

〒169-0051　東京都新宿区西早稲田3-16-28
http://www.shinhyoron.co.jp
電話　03（3202）7391
FAX　03（3202）5832
振替　00160-1-113487

定価はカバーに表示してあります
落丁・乱丁本はお取り替えします

装丁　山　田　英　春
印刷　神　谷　印　刷
製本　中　永　製　本　所

© 妹尾芳彦　2016
ISBN978-4-7948-1048-9
Printed in Japan

JCOPY 〈(社)出版者著作権管理機構　委託出版物〉

本書の無断複写は著作権法上での例外を除き禁じられています。複写される場合は，そのつど事前に，(社)出版者著作権管理機構（電話 03-3513-6969，FAX 03-3513-6979，E-mail: info@jcopy.or.jp）の許諾を得てください。

好評既刊

宮崎犀一・上野 格・和田重司 編
経済学史講義

経済学の形成から古典派の成立と修正，マルクス経済学，ワルラスの一般均衡論，ケンブリッジ学派，新古典派，ポスト・ケインジアンまでを概観。
（A5 並製　288 頁　3200 円　ISBN4-7948-7122-8）

上野 格・和田重司・音無通宏 編
経済学の知のあり方を問う
経済思想史から現代を見る

経済学という用語の変遷，市場理論，道徳と経済との関連づけ，民間市場への国家介入の問題等，問題領域ごとに思想の歴史的な変遷も描く。
（A5 並製　282 頁　2800 円　ISBN4-7948-0347-8）

佐野 誠
99％のための経済学【教養編】
誰もが共生できる社会へ

脱・新自由主義を掲げ続ける「いのち」と「生」のための経済学！ 悪しき方程式を突き崩す「市民革命」への多元的回路を展望する。
（四六並製　216 頁　1800 円　ISBN978-4-7948-0920-9）

石水喜夫
ポスト構造改革の経済思想

日本の構造改革を主導してきた「市場経済学」の虚実に迫り，われわれの生を意味あるものにする「政治経済学」的思考の復権をめざす。
（四六上製　240 頁　2200 円　ISBN978-4-7948-0799-1）

向井文雄
日本国債のパラドックスと財政出動の経済学
ワルラス法則を基盤とする新たな経済学に向けて

世界同時不況から脱出するための決定打は果たして金融緩和政策なのか？ 国債と財政出動を斬新な視点から解明，真の解決策を探る野心作。
（四六並製　272 頁　2500 円　ISBN978-4-7948-0956-8）

佐藤俊幸
バブル経済の発生と展開
日本とドイツの株価変動の比較研究

「妥当な株価水準は企業の利益で決まる」という"常識"は真実なのか——ドイツとの比較を交え，日本の株価の仕組みとバブルの意味を再検討する。
（A5 上製　192 頁　2400 円　ISBN4-7948-0578-0）

＊表示価格はすべて消費税抜本体価です